基于互联网云平台的高职思想政治理论课教学方法改革研究

唐召云 罗珍 黄丹 许倪倪 吴武英 著

教育部高校示范马克思主义学院和优秀教学科研团队建设项目“基于互联网云平台的高职思想政治理论课教学方法改革研究”（项目编号：16JDSZK033）重点资助

中南大学出版社
www.csupress.com.cn
长 沙

内容摘要

《基于互联网云平台的思想政治理论课教育教学改革研究》一书系长沙民政职业技术学院思想政治理论课教师多年的教学科研成果。该书分为空间思政教育篇、空间课程构建篇、空间教法改革篇、空间交流互动篇、空间教学考核篇五个篇目。

空间思政教育篇主要围绕高校校园网络舆论环境的优化、新媒体环境下高校思想政治工作机制构建、高职网络思想政治教育对策分析等内容进行了探讨。在高校校园网络舆论环境的优化方面，重点分析了数字化校园中的安全隐患，从伦理学的角度出发，提出解决数字化校园网络安全问题的对策。在新媒体环境下高校思想政治工作机制构建方面，重点研究了基于微信、微博等平台的大学生思想政治教育面临的机遇和困境，对优化思想政治教育环境提出了相应的策略。在高职网络思想政治教育对策分析方面，对高职学生网络思想政治教育的优势、劣势、机遇和挑战进行了全面系统的分析，并提出相应策略以抢占网络德育阵地。信息化背景下的思政教育系列研究作为空间教学改革研究内容的先导，不仅在宏观层面进行了思政教改环境的梳理，而且在微观层面聚焦相关网络媒介的共性和特性，为基于互联网云平台的思想政治理论课教育教学改革提供了研究思路和实践路径。

空间教学改革是项目研究的重点内容。经过一系列改革实践，空间思政教学依托空间云平台在教学内容、教学形式、交流方式、考核模式上都有了重大突破。这些新的理论成果和应用效果分别在空间课程构建篇、空间教法改革篇、空间交流互动篇、空间教学考核篇四个篇目中作了详细的阐述。首先，空间课程构建篇主要就高职思想政治理论课空间资源课程构建、思政微课程建设等内容进行研究，提出了课程资源解构与重构的原则及思政微课程内容分解、整合的逻辑结构。其次，空间教法改革篇主要围绕基于互联网云平台的思政课教学方法创新，基于学生主体性发展的"思政课"教学方法、高校思想政治理论课教学中研究性学习的应用、"慕课"背景下高校思想政治理论课教学模式创新、微博运用于思想政治理论课教学的可行性和价值等问题进行分析和探讨。再次，空间交流互动篇主要着眼于空间教学背景下思想政治理论课师生互动关系、思政课 ISAS 教学方法、思政课研究性学习方法、课程评价反馈机制等进行分析，总结为，在互动交流上，空间思政教学实现了三个转变，即由单维度向多维度的转变、一对一向一对多的转变、单向性向双向性的转变。最后，空间教学考核篇主要围绕基于互联网云平台的思想政治理论课课程考核模式、教学评价体系、空间资源课程运用效果评价等问题进行了分析与探索，把形成性评价和终结性评价融为一体，更注重过程考核，实现考核方式的公开、公平、公正。

序

互联网突破了课堂、高校、求知的传统边界，对学生影响越来越大。年轻人几乎是无人不网、无处不网，意识形态领域许多新情况、新问题，也都往往因网而生、因网而增，许多错误思潮也都以网络为温床生成发酵。从一定意义上，谁赢得了互联网，谁就能赢得青年。因此，要做好高校思想政治教育教学工作，就要与时俱进，充分运用新媒体、新技术，推动互联网信息技术与思想政治理论课的高度融合，以提高思想政治理论课的时代感和吸引力。这是各高校思想政治教育教学改革的时代命题。

本书思路清晰，以“互联网云平台信息技术与高校思想政治理论课教育教学深度融合”为主线，着重研究了以下两个方面：第一，基于互联网云平台高校思想政治理论教育的研究。对高校基于互联网开展思想政治教育进行 SWOT 即优势、劣势、机遇、挑战分析。随后，就如何进行高校思想政治教育的议题设置、媒体选择进行了进一步的探讨。第二，基于互联网云平台高校思想政治理论课的教学改革研究。本书就基于互联网云平台的思想政治理论课程构建、教学方法创新、师生交互频度、效果评价考核这四大问题进行了探讨，并有所创新和突破。

这些基于互联网云平台的教育教学模式，以其丰富性、便捷性、针对性、实效性等时代特点，既传承了传统教学，又正在超越传统教学，正在创造一个以往思想政治教育教学可望而不可即的多时空、多维度的教育教学空间。这无疑为高校思想政治理论教育教学开创了一片新天地。

他们这些成绩的取得来之不易，更难能可贵的是，他们对这些经验和规律进行了提炼和总结，不断推进研究性成果的转化。本书凝聚了他们的心血和团队的智慧。他们把思政教育和思政教学相结合、传统教育和现代教育相结合，很有时代性、前沿性，为同行开展思想政治教育教学提供了理论借鉴。值得一提的是，他们顺应信息化趋势，关于空间思政教学部分的研究，走在了全省甚至全国的前列。所谓空间思政教学，是指教师以世界大学城空间为平台，把每次上课的教学内容解构后上传到自己的空间上，通过表格化教案超链接到自己的课程资源来进行课堂教学；通过设置群组讨论，要求学生在空间上和老师、同学就教学内容及社会热点问题进行广泛讨论和交流；学生在空间上提交作业，在空间上进行考试；教师在空间上进行批改与指导。空间思政教学包括空间课堂教学、空间交流互动和空间作业及考试三种基本形式。

这个网络学习平台是贯彻《国家中长期教育改革和发展规划纲要(2010—2020 年)》精神，强化教育信息技术，在世界大学城开设的湖南职业教育网络学习平台。这一网络学习平台虽然存在的时间并不长，但他们已经进行了全面的探索，尤其是对如何运用这个云平台进行教学方法的创新进行了深入的探讨。发表相关论文 50 多篇，主持相关课题 6 个。其中“基于互联网云平台空间的高职思想政治理论教育教学创新研究”系湖南省 2013 年重点资助教改项目，“基于互联网云平台的高职思想政治理论课教学方法改革研究”系 2016 年度教育部高校示范马克思主义学院和优秀教学科研团队建设项目并获得重点资助。本书也是该项目的阶段性成果之一。希望广大思想政治教育教学工作者能够认真阅读本书，从中受到启迪。

是为序。

湖南师范大学公共管理学院

博士生导师　　李桂梅

2017 年 5 月

目　录

空间思政教育篇

空间课程构建篇

空间教法改革篇

空间交流互动篇

空间教学考核篇

空间思政教育篇

第一章

网络媒介视域下主体间性思想政治教育探索

21世纪是信息时代，信息技术对教育发展具有革命性影响，信息化手段在高等教育领域被迅速推广，网络媒介成为高校思想政治教育的主要阵地，主体间性思想政治教育应充分运用网络这一信息化平台提升教育实效性。

一、主体间性思想政治教育的涵义及特征

主体间性作为现代西方哲学的重要范畴之一，指的是作为主体的人与人之间的统一性和相关性。主体间性思想政治教育是将主体间性理论引入到思想政治教育实践活动中，具体是指两种关系的统一：一种关系是教育者与受教育者分别作为思想政治教育的主体，二者构成了“主体—主体”的关系；另一种关系是教育者与受教育者二者都是思想政治教育的主体，是复数的主体，而教育资料作为共同客体，构成“主体—客体”的关系。总的来说，主体间性思想政治教育具备以下特征：

（一）互为主体性

传统思想政治教育模式中，教育者与受教育者形成的是互为对象化的关系，前者处于主动地位，后者处于被动地位，教育过程中忽视了受教育者的主观能动性。主体间性思想政治教育过程中，“教育者和受教育者都

是主体，但他们又是两个有区别的主体”。受教育者不再被当作受支配的客体，教育者和受教育者是互为主体的存在方式，双方都是平等而独立的交往主体，彼此承认对方的主体地位，对教育活动都有主动参与、自主选择、发挥能动性和创造性的权利。

(二)平等性

主体间性思想政治教育打破了传统的“主—客”二分关系，将之与“主—主”双主体关系进行整合，构建了“主体(教育者)—客体(教育资源、教学方法、手段等)—主体(受教育者)”教育模式。它强调教育者与受教育者双方不再是支配性关系，而是平等对话关系，双方在人格、话语权、教育机会选择权等方面是平等的，受教育者不是被驯化的工具和简单的对象，而是有思想、灵魂和需求的主体，思想政治教育过程不是简单的思想驯化，而是相互尊重、平等交流、双向理解，从而引起思想上共鸣的过程。

(三)互动性

传统的思想政治教育过程中，教育者凭借在知识和能力方面的优势，单向灌输政治思想和道德规范，受教育者成为接受知识的“容器”。主体间性理论特别强调“交往性”，强调主体之间在相互尊重的基础上，建立彼此的交往关系，通过教育的实践活动，在理解的基础上达到协调一致。主体间性思想政治教育模式下，教育者和受教育者互为主体，共同参与教育实践活动，平等对话、积极互动，教育过程是一个思想观念相互碰撞、交汇和融合的动态过程。

二、网络媒介运用于主体间性思想政治教育的必要性

2011年发布的《第28次中国互联网络发展状况统计报告》显示：我国网民规模居世界第一，20—29岁青年占总体网民的30.8%，在这个年龄段中，大学生所占比例最大，达到22.2%。由此可见，大学生是互联网用户的主

体，而充分发挥网络媒介的作用是主体间性思想政治教育的题中应有之义。

（一）适应了教育信息化的时代要求

《国家中长期教育改革和发展规划纲要（2010—2020年）》中强调：“把教育信息化纳入国家信息化发展整体战略，超前部署教育信息网络，促进教育内容、教学手段和方法现代化。”一方面，网络媒介作为思想政治教育的重要阵地，犹如一把双刃剑，既为思想政治教育带来了机遇，也带来了挑战，丰富的网络资源有利于人们拓展知识、提升素质，但网络信息传播的自发性，也不得不让我们防范负面信息的影响。规范人们在网络空间的行为，不仅需要法律法规的约束，也需要思想政治教育。另一方面，网络信息社会的“去中心化”，抹去了现实社会中个人的“唯我性”。在网络空间，传统思想政治教育的主客体二分状态不复存在，形成了教育者和受教育者之间的互动关系，而主体间性思想政治教育则将教育者与受教育者置于平等的地位，利用网络的共享性，将思想政治教育融于有效信息中，进行交流与沟通，以达到润物细无声的效果。可见，运用网络媒介于主体间性思想政治教育，体现了时代发展的特点，适应了全球化背景下信息社会发展的时代要求。

（二）凸显了“以人为本”的教育理念

传统思想政治教育效果不佳往往是因为教育者没有“有的放矢”，没有根据受教育者的特点针对性开展工作。信息化时代，当今高等教育面对的是90后学生。受成长环境影响，他们有着自信、开放、时代感强、个性鲜明、主体意识强等特点，比较容易接受新事物、新观念，对新问题、新事物有浓厚的兴趣。他们通过网上购物、网上交流互动、搜索网络信息等方式积极参与到网络信息化浪潮中，是名副其实的网络新一代，这就势必要求思想政治教育将触角延伸至网络信息化载体。网络集学习、娱乐、交流功能于一体，满足了教育对象崇尚自由、多元化的学习氛围，更愿意接受启发式、发散式的教育模式的心理特点，为其提供资源共享、自我管理、自主学习、交流互动的平台，发挥了潜移默化的育人效果，更好地凸显了“以人为本”的教育理念，也充分体现了主体间性思想政治教育尊重学生主体地位的特点。

（三）提升了思想政治教育实效性

传统的思想政治教育往往重视教育目标的整齐划一，教育过程单向灌输，倡导教育者的主导地位而忽视受教育者的客观需要，从而削弱教育效果。联合国教科文组织曾指出：“对于传统学校里那种权威式的传授知识的方式要重新进行估价。”主体间性思想政治教育是在重新估价传统教育方式过程中应运而生，它注重的是教育者和受教育者的相互尊重、交流、沟通，促使二者在提升自身主体性的同时也推动了对方主体性的发展与完善，从而达到思想素质的提升和行为习惯的养成，这无疑证明交往实践活动是增强主体间性思想政治教育实效性的有效途径。网络载体传播方式的交互性，为教育双方的双向交流沟通提供了物质基础和技术手段，受教育者可以从海量的网络资源自主择取信息，也可以自由、平等地把自己的想法、感受传递给教育者，及时得到指导和帮助。教育者可以形式多样地传递教育信息，还可以多渠道掌握受教育者思想动态，获取各种信息反馈，从而更有针对性地开展工作，真正提升教育的实效性。

三、网络媒介视域下，主体间性思想政治教育的实现途径

（一）整合资源，丰富教育内容和创新教学方法

网络媒介传播手段的兼容性即多媒体化，是指向公众提供的集声音、文字、图像、数据等多种通信媒介为一体的，具有集成性、同步性与交互性的通信方式。网络具备集声音、文字、图像、数据于一体的兼容性优势，传播的信息内容丰富多彩，形态多种多样，为我们有效地开展思想政治教

育提供了充足的教育资源。我们要利用多媒体技术的交互功能，通过建设思想政治教育专题网站、开设思想政治理论网络资源课程等，搭建主体间性思想政治教育网络新平台，充分整合网络资源深化教育内容，优化配置与教育内容匹配的情境，使传递的教育信息动静结合、图文并茂，提升学生的学习兴趣，吸引学生积极主动地参与到教育中来，充分地展现自己的个性，自由深入地思考问题，创造性地发挥自己的潜能，自觉接受思想政治教育所传递的信息和知识内容。

（二）优化主体间交往的网络环境，构建双向互动的教育过程

美国当代情感教学理论创始人罗杰斯认为，课堂教学与其说是师生间知识的输出输入过程，不如说是师生间情感的相互交流过程。良好的交流互动是教育取得成效的必备条件之一，只有营造平等的氛围、提供互动平台、激发内在潜能，使教育者的价值导向与学生的自主选择相统一，主体间性思想政治教育才能够取得理想效果。

主体间性思想政治教育要充分利用网络空间，优化主体间交往的网络环境，在以下三个方面构建双向互动的教育过程：一是通过即时通讯软件解疑释惑。QQ 等即时通讯工具以其独特的功能和特点深得广大学子的喜爱。教育者通过使用这些媒介，利用具有亲和力的网络语言，通过在线交流、网上留言、网络群聊等形式与学生交流，为其答疑解惑，师生之间的关系将会更加趋向平等。二是利用 BBS 等论坛进行舆论引导。BBS 以自由平等、包容开放、尊重隐私等特点逐渐成为学生交流思想、接受信息的重要渠道，我们要因势利导地掌握运用校园 BBS 的舆论引导方法，使思想政治教育在虚拟空间发挥实效，真正做到“虚实结合”“虚为实用”。三是利用微博进行心灵沟通。博客、微博的出现成为大学生获取信息、记录生活、抒发心情、交流讨论的精神家园，为教育者了解受教育者的思想状况、心理倾向提供了良好的平台。通过网络空间，增进了师生相互间的感情交流和理解，增强了思想政治教育实践中的民主、平等关系，突出了主体间性思想政治教育自我教育、内化思想、外化行为的教育理念。

(三)拓展载体，实现思想政治教育社会化

人的成长发展、思想观念的形成受到家庭、社会、学校多方面环境的影响。社会化是思想政治教育的内在要求。将思想政治教育纳入整个社会体系，依靠全社会力量开展教育，形成全方位、全员、全过程育人的局面，进而提高全体社会成员的政治思想水平，是思想政治教育社会化的重要方面。

网络媒体作为资源共享和信息交流平台，为实现思想政治教育社会化拓展了载体。一方面，网络为受教育者提供了接触社会、开阔视野的渠道，增进其对社会的了解，促使其学会在丰富的网络信息资源中获取有效信息。受教育者通过网络载体与外界社会环境发生交互作用，将社会需求与自身思想道德素质进行对比，继而进一步完善自我，提升适应社会的能力。另一方面，网络为每个人之间信息的传递与交流，学习与互助，提供了一个开阔的平台，这种互动突破了时间和地域的限制，发挥了群体组织主动组织、承担和开展思想政治教育活动的功能，形成包括家庭、社会、学校与个体在内的相互支持的网络主体交往合力，凝聚社会、家庭、学校三位一体的力量开展思想政治教育，整合社会各方面教育信息对大学生进行教育引导，使大学生个体在政治思想上成为合格的社会成员，同时也引导大学生关注社会，参与社会，服务社会，实现个人与社会的和谐统一。

参考文献

[1] 张耀灿. 思想政治教育学前沿[M]. 北京：人民出版社，2006.

[2] 中国互联网信息中心. 第28次中国互联网络发展状况统计报告[EB/OL]. [2011-7-19]. http://www.cnnic.net.cn/research/bgxz/tjbg/201107/t20110719_22120.html.

[3] 杜威. 学校与社会·明日之学校[M]. 赵祥麟，任钟印，吴志宏，译. 北京：人民教育出版社，1994.

[4]谢海光. 互联网与思想政治工作概论[M]. 上海：复旦大学出版社，2000.

第二章

微信公众平台在高校思想政治教育中的价值及实现

“微信公众平台是腾讯公司在微信的基础上新增的功能模块，通过这一平台，个人和企业都可以打造一个微信的公众号，可以群发文字、图片、语音、视频、图文消息五个类别的内容。”作为一种新型信息传播模式，微信公众平台一经推出就在大范围内传播开来，在喜欢接受新鲜事物的大学生群体中更是流行，部分大学生更是“无时不微”“无处不微”。这给高校思想政治教育带来了新的挑战和机遇。作为高校思想政治教育者，“要创新网络思想政治教育，开展高校校园网络文化建设专项试点工作，建设一支由学生和青年教师骨干组成的网络宣传员队伍，推进校园微信公众账号等网络新媒体建设。”因此，加强微信公众平台的思想政治教育的价值及实现研究具有非常重要的理论和实践意义。

一、潜在价值：微信公众平台的思想政治教育优势

思想政治教育需要一定的大众传播载体。作为思想政治教育的大众传播载体必须具有覆盖面广、传递迅速、实效性强、具有增殖力等特点。而微信公众平台具有载体微小、覆盖面广、时效性强等特点，其独特的功

能特点与思想政治教育大众传播载体的要求具有内在的契合性。因此，微信公众平台具有开展思想政治教育的独特优势。高校思想政治教育者可以充分运用这一新媒体，增强高校思想政治教育的辐射度、关注度、时效度、精准度，打开思想政治教育新局面。

（一）载体微小、覆盖面广，增强了高校思想政治教育的辐射度

微信公众平台一经推出，便迅速风靡于各行各业，其中一个重要的原因就是微信公众平台的主要载体是外形微小、价格便宜、使用便捷的智能手机。目前，大学生拥有智能手机的比例是相当高的，几乎是人手一部，部分学生甚至有2～3部智能手机。大学生使用智能手机玩微信已经成为其生活“新常态”。据调查显示，“10%左右的大学生使用微信时间是在6小时以下的，其余90%每天平均在线都在6小时以上，甚至有约21%的大学生全天在线。”因此，使用微信公众平台开展思想政治教育基本上可以覆盖本校所有大学生。

（二）内容多元、方式多样，增强了高校思想政治教育的关注度

思想政治教育方面的信息要能在茫茫“网海”中吸引学生眼球，其内容本身和表现方式都要符合学生的喜好。在内容方面，大学生偏向贴近社会、贴近生活的时事资讯、生活“攻略”、经验分享。在形式方面，对于网络时代的大学生，他们更喜欢多维立体画面，喜欢幽默、风趣的语言风格，因此发布的信息尽可能多的采用视频、音频、图片、文字相结合的形式。而且微信公众平台传递的信息内容可以不受传统媒介篇幅限制，可尽可能满足学生求知、求新、求乐的内容需求。同时，具有群发文字、图片、语音、视频信息的功能，这更符合大学生对信息的认知需求和偏好，从而利于提高其对思想政治教育信息的关注度。

（三）传播快捷、交互多元，增强了大学生思想政治教育的时效度

微信公众平台的工作人员可以在较短的时间周期内将最新发生的事

情进行编辑、推送到大学生的手机终端。同时，当信息推送后，大学生凭借微信公众平台实时交流、评论、转发等功能，可以及时进行多维度互动。而且微信公众平台上的“微言、微视频”，大学生可以运用零碎的闲暇时间关注、转发、评论，节约他们进行“微评论”所耗费的时间和精力，从而便于得到最宽泛的社会互动和交往。这种信息传播方式和交互方式大大缩短了时空距离，而且信息传播中的噪声较少，效果比较明显，增强了思想政治教育的时效度。

（四）推送分享、精准定位，增强了大学生思想政治教育的精准度

思想政治教育者利用微信公众平台进行信息推送和分享，而能够接收到信息的手机客户端，都是主动关注了认证账号的手机客户端。主动关注和选择，这本身就意味着微信公众账号的目标人群的精确定位。同时，思想政治教育者在微信公众平台的后台操作中，“借助用户分析、图文分析和消息分析三项数据统计功能，进行用户分组和地域控制，有针对性地向某一类学生推送信息、通知和资讯。”这更是增强了大学生思想政治教育的精准度，能针对大学生思想动态，有的放矢地开展思想政治教育。

二、价值遮蔽：思想政治教育微信公众平台的应用现状不容乐观

正因为微信公众平台具有如上优势，各高校纷纷推出了微信公众平台。一时间，高校微信公众平台呈“井喷式”发展，“2012 年至 2015 年，高校微信平台从 175 个增加到 15056 个，覆盖大学生人数从 7 万余人激增至 1749 万余人，高校微信公众平台迅速成为高校宣传教育的主流媒体”。但其实际应用情况却不容乐观，并没有发挥其应有的作用，其价值被“遮蔽”，主要表现在如下四个方面：

（一）内容吸引力不"强"而关注度不高

衡量大学生对微信公众平台关注度的重要指标就是关注人数以及信息的阅读量和转发量。目前，一些高校的微信公众平台人气并不旺，例如广西体专青年圈创立一年时间，关注人数不过百人。其主要原因在于微信公众平台内容缺乏吸引力。而内容缺乏吸引力主要表现在两方面：一方面是内容本身缺乏吸引力。部分高校没有及时根据本校学生思想动态和社会发展变化，精选主题，创新内容。另一方面是内容表现形式缺乏吸引力。部分高校微信公众平台仍然发布一些纯理论文字等无任何感官的素材，形式比较呆板、单调。

（二）交互频度不够"高"而实效性不强

教育离不开师生间的相互交往与互动。"没有了对话，就没有了交流；没有了交流，也就没有真正的教育。"而事实上，学生对互动的需求也比较强烈，据调查统计分析，39.9%的学生认为"看评论比看文章更有意思"，28.8%的学生会"参与评论"，26.8%的学生选择"对文章点赞"，而"从不关注评论"的学生仅占总数的4.5%。面对学生如此强烈的互动需求，目前部分高校设立的微信公众平台，互动性不强，甚至出现"僵尸微信"，无法实现"亲其师而信其道"，思想政治教育的实效性受损。

（三）方式方法不够"活"而接受性受挫

目前，一些高校虽已建立微信公众平台，利用新媒体开展思想政治教育，但教育理念却仍传统、保守。他们习惯于高高在上的宣传、灌输，运用微信公众平台开展思想政治教育只是由过去的"人灌"变成了"机灌"。殊不知，思想政治教育岂是教育者把外在规范强制灌输给受教育者就能变为其思想、价值观了的。特别是在网络空间，生命个体的身体得以退隐，转变成一串串数字符号，信息也是一串串数字化信息形态。这种冰冷的数字化灌输只会招致大学生的反感，进而敬而远之，使其接受性受挫。

(四)人员制度不够"全"而可持续性受限

一个微信公众平台要得到可持续发展必须具有一支优秀的管理团队。但据调查显示,"微信平台的运营团队一般在 10 人以下,大部分为 2 ~ 4 人,甚至只有 1 人的也有"。同时,微信公众平台要能够持续发力还需要完善的制度保障。邓小平曾经说过,解决制度问题,"更带有根本性、全局性、稳定性和长期性"。但是,部分高校在相应制度建设方面远未到位,激励机制缺乏,只是象征性地给工作人员一点报酬,并未纳入考核评价中。在监管方面存在落实不到位、责任不明确等问题。这都直接影响到了运用微信公众平台开展思想政治教育的持续性发展。

三、价值彰显:微信公众平台的思想政治教育优势实现策略

为了充分利用微信公众平台新媒体开展思想政治教育,应该"坚持先进技术为支撑、内容建设为根本,推动传统媒体和新兴媒体在内容、渠道、平台、经营、管理等方面的深度融合,着力打造一批形态多样、手段先进、具有竞争力的新型主流媒体"。而要打造专属平台——思想政治教育微信公众平台,需要从技术、内容、人员、运营方式等方面,多管齐下、齐驱并进。

(一)加强内容建设,构筑吸引力平台

加强内容建设主要是从内容本身和形式两方面而言的。从内容本身而言,需要实现满足社会需要和学生需要的统一,而人又是社会的人,因此满足社会需要其实也是满足一定时期人的合理需求。"大学生使用微信公众平台的需求动机主要是 5 类:认知动机、互动动机、舒压娱乐动机、情感动机、习惯动机。"这就要求微信公众平台发布的信息要贴近学生需求,只有贴近生活、贴近实际,学生才愿意去了解、去关注、去交流。更要针对不同学生群体、不同时间点,策划专题活动,开展思想政治教育。如

根据大一新生不太适应大学生活的情况，可以开展校园生活攻略活动，新生军训时开展“军训风采”活动等，以提高平台的活跃度和关注度。

同时，在内容表现形式方面，注意把握以下两点：其一，“大”道理与“微”形式相结合。即在“微”字上下足功夫、做足文章，尽量把“大”道理说教转换成“精悍短小”的微视频、微评论发布，吸引大学生的关注。其二，平衡话题的“严肃性”与“趣味性”。即在微信平台信息推送过程中，增加内容表现手法的幽默性、娱乐性，将“有意义”的内容更“有意思”地表达，为广大大学生所接受。

（二）提高双方素养，打造交互性平台

思想政治教育过程其本质上是教育者和受教育者共同参与、相互作用的过程。而为了实现双方真正能交互、互而有效，离不开提高双方的信息媒介素养，特别是思想政治教育者的素养和能力。正如中共中央宣传部、教育部《关于进一步加强和改进高等学校思想政治理论课的意见》指出的：“提高高等院校思想政治理论课教育教学质量和水平，关键在教师。”

思想政治教育者需提升素养和能力。首先要转变观念。思想政治教育工作者要因时而变，随事而制，审时度势，推动理念创新，保持思想的敏锐度和开放度，“高校德育主体要紧扣时代跳动的微脉搏，结合教育对象的微特点，与时俱进地推动网络思想政治教育的创新发展”。其次，要具有“微能力”。不仅要会使用微信，更要知道如何利用微信进行思想政治教育。最后，要有创新能力。自腾讯公司推出微信公众平台后，该平台就备受各行各业青睐，成为企业推广、市场营销的重要手段。因此，为了提高思想政治教育的吸引力和影响力，作为思想政治教育微信公众平台的开发者、管理者、运营者，必须视野广、能力强、思维新。

（三）加强微平台活动开展，打造影响力平台

思想政治教育微信公众平台要具有影响力，需要思想政治教育者改进方法，真正应用，发挥实效。思想政治教育者可以在微信公众平台开展如

下活动：一是开展多方交流互动。在原有的网络交互方式上，微信公众平台增加了“语音”功能。语音交流具有其独有的优势，交互双方可以通过语音、语调的变化感知对方的情绪、思想变化。因此，思想政治教育者可利用“语音对讲”功能，与大学生进行实时通话，化解师生间的语言交流屏障，实现畅所欲言，有助于解决大学生的思想问题。二是发起讨论。思想政治理论课是高校进行思想政治教育的主阵地、主渠道，但因班级人数多、课时有限，思想政治理论课教师不可能让所有学生表达自己的观点。微信公众平台则可以，思想政治理论课教师可以就“热点”“疑点”“重点”“难点”发起主题讨论。三是结合校团班活动开展网上评选活动。思想政治教育微信公众平台可以就本校开展的有关“最美学生”评比、“校园风采大赛”“书香校园”等活动开启“微信”模式，进行信息发布、线上直播、线上评比等，调动学生参与的积极性和主动性，扩大思想政治教育微信公众平台的影响力。

（四）加强技术制度建设，打造支撑性平台

技术主要是相关硬件基础设施和软件开发。在硬件基础设施建设方面，加强校园网络建设，实现 WIFI 覆盖无死角。在软件开发方面，充分利用微信公众平台跟踪、记录来访者的行为轨迹，利用大数据分析功能，提高思想政治教育的针对性。同时，遵循简约、便捷、人性化等原则，开发和运用新技术，完善微信公众平台的功能，使其成为开展思想政治教育的“微阵地”。在制度建设方面，主要包括：第一，组织管理制度。成立微信公众平台管理中心，全面负责微信公众平台的统筹规划与运营管理。第二，信息监管制度。有信息传播、评论之处就会产生舆情，因此必须成立一支专门的微信舆情监管队伍，进行舆情研判和干预。第三，激励制度。应用微信公众平台开展思想政治教育势必会增加思想政治教育者的工作量，因此在倡导敬业、奉献精神的同时，有必要在年度考核、职称评聘方面给予相应的倾斜。

综上所述，微信公众平台作为一种新型信息传播模式，备受学生喜爱。因其载体微小、内容多元、接收便捷、信息精准等特性，提高了大学生思想政治教育的辐射度、关注度、时效度、精准度，备受思想政治教育者青睐。为了使微信公众平台成为大学生思想政治教育行之有效的新载体，需要进行不断创新和改革，获得学生认可，进而最大限度地发挥和提高它的功能效用。

参考文献

[1] 陈万柏，张耀灿. 思想政治教育学原理[M]. 北京：高等教育出版社，2007.

[2] 张馨文. 基于微信平台的大学生思想政治教育研究[D]. 南华大学，2015.

[3] 罗珍，徐建军. 议程设置理论视域下高校校园网络舆论环境的优化[J]. 求索，2014(6).

[4] 王英红. 微信公众平台在大学生思想政治教育中的应用研究[J]. 中国教育技术装备，2014(22).

[5] 刘际飞，吴惠. 应用微信公众平台开展大学生思想政治教育工作的四个着力点[J]. 思想教育研究，2015(12).

[6] 时丹，黄航. 高校思政教育微信公众平台建设研究——以体育大专院校为例[J]. 教书育人(高教论坛)，2016(4).

[7] 弗莱雷著. 被压迫着教育学[M]. 顾建新，等，译. 上海：华东师范大学出版社，2001.

[8] 刘际飞，吴惠. 应用微信公众平台开展大学生思想政治教育工作的四个着力点[J]. 思想教育研究，2015(12).

[9] 张馨文. 基于微信平台的大学生思想政治教育研究[D]. 南华大学，2015.

[10] 中共中央文献研究室. 习近平关于全面深化改革论述摘编[G]. 北京：中央文献出版社，2014.

[11] 黄楚箔，彭琪淋. 高校微信公众平台使用动机与传播效果研究——以中南大学微信平台为例的实证分析[J]. 东南传播，2014 (8).

[12] 李超民. 大学生网瘾的协同治理研究[M]. 北京：人民出版社，2013.

第三章

议程设置理论视域下高校校园网络舆论环境的优化

高校校园网络舆论环境是由校园主体通过校园网等网络渠道对校园内外各种社会现象发表的观点、态度、情绪所构成的言论氛围及其系统。目前，高校校园网络舆论环境总体上是积极健康的，但也存在一些问题，因此，高校应加强校园网络的舆情管理。但较之于传统舆情管理，其环境发生了前所未有的变化，校园舆论更加多元化、随意化，更难以控制。这要求高校适应并主动把握传播环境的种种变化，充分发挥自身媒体，特别是网络媒体的舆论导向作用。鉴于此，议程设置显得尤为重要。

一、议程设置理论的内涵及意义

（一）议程设置理论的内涵

议程设置理论作为传播学的基本理论之一，其核心思想是："大众媒介具有一种为公众设置'议事日程'的功能，传媒的新闻报道和信息传达活动以赋予各种'议题'不同程度的显著性的方式，影响着人们对周围世界的'大事'及其重要性的判断。"在传统传播媒介背景下，议程设置理论主要的研究内容如下：第一，谁设置了受众议程？麦考姆斯、唐纳德·肖等传播学家通过大量调查统计分析，论证了媒介议程影响受众议程。第二，媒介议程设置功能如何发挥作用？麦考姆斯和唐纳德·肖指出媒介报道信息的强度、时间与受众的相关度等都会影响受众议程，并提出了三种设置作用机制：知觉模式、优先顺序模式和显著性模式。依此三种模式，大众媒介不仅可以影响大家想什么，而且可以影响人们思考问题的框架，从而引导大家该怎样想。第三，谁设置了媒介议程？丹尼利恩和瑞斯指出大众媒介间有“媒介意见领袖”，一般权威性强的媒介会担任这一角色。

20世纪90年代，网络媒介出现，议程设置发生变化。针对网络背景下媒介议程设置与受众议程设置的新特点与新动向，麦库姆斯和唐纳德·肖提出了“议程融合论”，并把议程融合分为寻求社群阶段、寻求社群的“议程”阶段、寻求引导的阶段、寻求引导传播媒介阶段、大众传媒“议程设置”的初级阶段和大众传媒“议程设置”的高级阶段等六个阶段。议程融合论对媒介议程、受众议程的地位及其相互关系进行了新的认识，把受众议程设置的作用提高到了新的高度，为议程设置理论指明了新的研究方向。

（二）议程设置理论对优化网络舆论环境的意义

如今传播媒介发生变化，议程设置理论的作用颇受争议。有人指出：“网络受众可能不再受‘议程设置’的控制和影响。”“基于前网络时代传播研究得出的议程设置理论，正在趋于变形甚至消解。”

事实上，议程设置理论对优化网络舆论环境仍具有指导作用。理由如下：第一，议程设置并未“过时”，大学生网民自觉不自觉地接受“议程设置”。这是因为“人们在使用网络上的信息主动权时，一是将选择权交给网络，长期依赖少数几个固定的网站”。大学生从网站中接受的信息仍是网站工作者为其进行筛选和设置的。第二，议程设置并未“消亡”。议程设置理论中的三种作用机制以及其议程融合思想为加强网络舆论引导、优化网络舆论环境提供了比较具体、科学的操作流程和实证依据。第三，议程设置并未“消解”，网络自身的特点为议程设置提供了良好的平台。网络集人际传播、群体传播、组织传播与大众传播于一体，这使得网络信息传播具有海量化、快捷性、交互性等特点。这无形中使议题被报道的频率与强度提高了，提升了大学生对某些议题的关注程度和加强了网络议程设置的效果。

二、议程设置理论视域下高校优化网络舆论环境存在的问题及原因

如上所述，议程设置理论对高校校园网络舆论引导具有重要的指导意义。但当前高校校园网络媒介设置作用并不突出，具体表现如下：

（一）学校网络议程设置辐射不强，难以覆盖

虽说“大众媒体是连接社会事件与我们头脑中的意象的最关键的因素”，但高校创建的校园网站并没有成为大学生获取信息的重要来源，校园网议程设置辐射不强，难以覆盖大部分在校学生，影响功效发挥。其主要原因如下：

1.“官味”偏浓，缺乏吸引力

目前，大学生上网的动机主要是求知和娱乐，其关心和热衷的议题往往是与其利益、兴趣密切相关的事件。而高校校园网发布的信息主要是传达会议精神和学校活动等，“官味”偏浓。学生对此不关心、不阅读，舆论引导效果当然大打折扣。

2.时效不强，缺乏影响力

目前，高校校园网络工作者没有养成利用网络第一时间发布信息的习惯。上传新闻不及时，网络“新闻”往往变成“旧闻”。新闻发布的滞后性直接影响了大学生受众对校园网络信息的认知和评价。

3. 形式不新，缺乏感染力

网络作为数字化交流平台，能为受众提供一个“有声有色”、赏心悦目的阅读环境。但高校校园网的信息多以静态的文本、图片呈现，形式比较呆板、单调，鲜有学生光顾。

（二）学生网民议程设置功力不够，难以自设

“网民议程设置是指网民利用网络陈述事实或发表意见，以各种不同的传播形式，引起社会舆论广泛关注”。而大学生网民议程设置是指大学生凭借网络信息技术传递信息，设置议题。目前，大学生网民自我议程设置的“功力”并不强，产生的正面效果并不多，反而存在议题偏激、网络暴力等消极作用。其原因是多方面的，主要有“两个局限性”：

1. 大学生网民自身的局限性

大学生大都思维活跃、参与意识强，能够熟练运用现代信息技术，客观、公正、理性地进行舆论评价。但也有部分大学生辨别信息的能力比较差、免疫力比较低，同时又喜欢逆反权威、彰显个性，进行非理性的泄愤吐槽，造成信息失真、失衡，扰乱校园网络舆论环境。

2. 大学生网民议程传播空间的局限性

大学生网民议程设置的传播空间主要是 BBS 论坛、微博、博客等。BBS 论坛具有“谁都可以自由发表”的优势，但又具有“谁都可以发表的混乱”的劣势，容易造成低俗议题泛滥的现象。至于个人化的博客、微博，其影响力就更受限。这是因为个人化的博客，特别是普通大学生开通的博客，知名度和点击率并不高。因此，大学生网民议程传播空间的局限性，影响了其功效的发挥。

（三）议程设置间“气血”不通，难以融和

网络成为“第四传播媒介”后，议程设置权发生了巨大的变化，如图 1 所示。

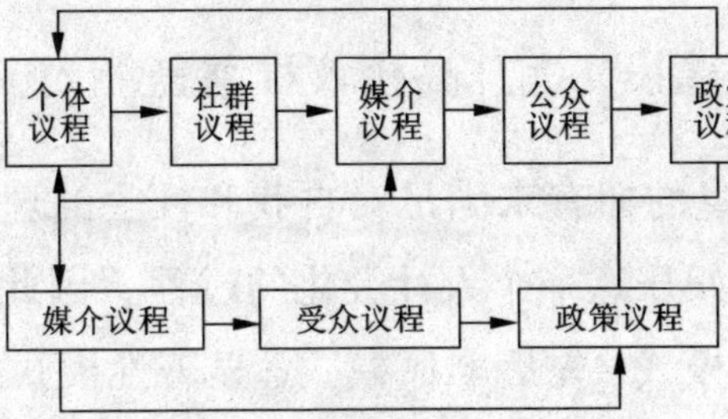

图 1　议程设置权变化前传播图示

“互联网使得传统媒体逐步失去了‘议程设置’的垄断权，‘议程设置全民化’的时代已然来临。”议程设置权的变化使得议程设置路径发生了改变，议程设置不再是一个封闭的、单向的同质化过程，而是一个开放的、多向的同质化或异质化的过程。如能实现各议题的融合，产生正面性议题的“共鸣效果”和反对性议题的“溢散效果”，最终将促进社会和谐。

目前，在高校校园，学校与学生之间的议程联动并不明显。在高校校园网中，并没有搭建校政微博之类的平台，以此倾听师生的心声。对校园网中出现的一些反对性议题，部分高校并没有及时介入，澄清事实，而是视而不见或简单粗暴地进行删除，这往往导致矛盾激化，校园网络舆情危机出现。出现这样的现象，与高校自身的管理理念有很大关系。目前，部分高校为了避免出现学生“异议”，不喜欢或不习惯运用网络平台听取学生意见。同时，对学生网络舆论所可能产生的后果估计不足，没有成立专门的领导小组，组织专人来解决问题。

三、议程设置理论视域下优化网络舆论环境的实践路径

“大众媒介是一种既可以为善服务，也可以为恶服务的强大工具。如果不加以适当的控制，它为恶服务的可能性则更大。”因此，我们要采取相

应的策略，充分发挥网络媒介议程设置的功效。

（一）加强信息建设，提升高校议程覆盖能力

“公众通过对信息的拥有来满足对自我和社会的理解、行动和交往的定向、个人和社会的娱乐这一个人社会化的过程。”因此，学校应加强信息建设，然后按照知觉模式、先后顺序模式、显著性模式显示信息。在加强信息源建设中，高校应把握三个“度”：

1. 把握“相关度”，投其所好

一是内容的相关性。校园网络信息要贴近学生生活实际，满足学生需求。但满足学生需求时应抑制其低级需求、满足其正当合理需求并引导其追求高级精神需求。二是形式的相关性。大学生喜欢多维立体画面，喜欢幽默、风趣的语言风格。因此在校园网发布的信息应尽可能多的采用视频、音频、图片、文字相结合的形式，扩大在学生中的影响力。

2. 把握“时效度”，抢占先机

高校在发布信息时一定要注意其时效性，抢占先机。高校对校内发生的学生关注的热点问题应及时把握、及时呈现。对校外发生的重大事件，虽不可能实时报道，但也要及时链接权威机构网站的最新报道、评论，给学生起一个思想导航的作用。

3. 把握“适度”，步步为营

网络信息资源并不是越多越好。“媒介将其议程设置转化为公众议程的能力，特别是激发个人经验以推动议题列入公众议程的能力，要以公众接受的容纳情况为限。”故高校在发布信息时，要注意策划、推出典型，使大学生受众不会在信息浪潮中迷失方向。

（二）加强教育管理，提升议程自设能力

面对大学生自身的局限性和大学生网民议程设置传播空间的局限性，高校需要转变观念，加强对学生的教育和管理，提高自身议程设置能力。

1. 全方位提升学生素质，为实现自我议程设置打好基础

第一，加强媒介素养教育。“媒介素养是一种对各种信息进行获取、分析、评价和传播的能力。”因此，高校要提高大学生对信息的敏感度以及捕捉、分析、判断和吸收信息的能力。同时，培养学生信息加工、整合、运用以及传递的能力。第二，加强网络道德教育。高校应积极倡导大学生遵守网络文明公约，养成科学、文明、健康的上网习惯，并实现自律。第三，加强网络法规教育。让大学生了解有关互联网的法律规定，增强网络法律意识。

2. 健全完善传播空间，为实现自我议程设置搭建平台

一方面，加强网络论坛的管理。健全网络论坛管理的规章制度，做到有章可循。同时，落实论坛主管、论坛主、论坛管理员的职责，要求每个人各司其职，以达到维护和规范论坛秩序的目的。另一方面，扶持草根“意见领袖”。“意见领袖”是指在信息传递和人际互动过程中少数具有影响力、活动力的人。意见领袖影响着大多数“沉默的网民”。因此，高校可以借助网络中的知名意见领袖，发挥舆论导向作用。同时，发展学生草根领袖。“在现代社会中同辈群体的影响甚至大到改变传统的文化传递方式的地步”，因此，高校应在 BBS、社区论坛中，寻找经常“发言”，且影响力比较大的学生，发展成“意见领袖”，进行舆论引导。

（三）加强议程联动，提升议程融合能力

学校的议程设置与学生的议程设置各有作用。学校议程设置有其权威性和公信力，可以提升学生舆论平台的深度。而学生议程设置有传播快速、门槛低等优点，可以弥补学校议程设置单线性传播的不足。为了更好地发挥二者的合力，我们必须完善机制，加强学校议程设置和学生议程设置间的融合。可以从如下三方面着手：

1. 成立领导机构，实现综合管理

成立由校领导牵头的校园网络管理领导机构，进行综合管理。领导小

组的成员包括校领导、宣传部、学工部、网管中心及各教学院系的主要负责人。同时，还要从学工部、思政部、心理咨询部等抽调人员具体参与。他们各司其责，协调各部门、各种资源实现高校网络舆论引导实效的提升。

2. 加强舆情预警，了解学生诉求

网络舆情往往有其现实根源性。因此，高校应对网络舆情的出现、发展和消亡进行连续不间断的动态监测、度量和信息采集，运用网络信息技术，综合分析其影响因素，了解学生的诉求。

3. 完善舆情处理，实现议题对接

当校园网络舆情出现之后，一方面，学校要利用各种媒介的优势及时跟踪报道事件的进展过程，避免谣言四起。另一方面，高校应加强对事件本身的处理，面对问题、分析问题、解决问题。切不可以“空洞的口号”“虚假的承诺”来取代事件本身的解决。

四、结论

在网络传播媒介背景下，社会信息传播手段日益多元化，社会信息传播时空空前开放，信息受众的舆论力量亦空前增强。为了建设理性、有序的网络舆论环境，一条可供参考的理论路径不可或缺。不断发展的议程设置理论无疑为优化校园网络舆论环境提供了有益的思路和方法。学校要运用现代信息网络技术创新舆论引导的方式和方法，牢牢把握网络议程设置的主动权；同时，高校要提高学生素养，提高学生自身议程设置的能力，并且加强双方议程的融合，构建积极健康向上的高校网络舆论环境。如此校园网络将成为宣传社会主义核心价值观、弘扬社会主义主旋律、维护校园和谐、促进大学生成长的重要阵地。

参考文献

[1] 郭庆光. 传播学教程[M]. 北京：中国人民大学出版社，2011.

[2] 严玮骊. 互联网时代的媒体议程设置理论研究[D]. 复旦大学硕士学位论文，2011.

[3] 甘露. 浅析网络议程设置的特色[J]. 国际新闻界，2003(4).

[4] 杨一小. 消解中的议程设置理论——对网络传播秩序的探析[J]. 社科纵横，2008(3).

[5] 杨慧琼. 从议程设置理论解析网络受众的传播地位——以媒介事件马加爵案为例[J]. 新闻界，2005(2).

[6] Lippmann. W Public Opinion[M]. New York：Macmillan，1922.

[7] 顾海兵，陈小重. 中国大学网站新闻的官味度分析[J]. 复旦教育论坛，2009(4).

[8] 徐建军. 大学生思想政治教育前沿[M]. 长沙：湖南人民出版社，2009.

[9] 刍伟，郑达威. 从“甘德怀事件”看网络时代的公众自我议程设置[J]. 今传媒，2005(2).

[10] 喻发胜，王晓红，陈波. 网络传播的衍生效应与网络舆论[J]. 湖北社会科学，2010(5).

[11] 拉扎斯菲尔德，默顿. 大众传播的社会作用[M]. 北京：人民日报出版社，1983.

[12] 陈力丹. 舆论学——舆论导向研究[M]. 北京：中国广播电视出版社，1999.

[13] 邱沛篁，蒋晓丽，吴建主. 媒介素质教育论集[M]. 成都：四川大学出版社，2004.

[14] Lazars field P，et al. The People's Choice[M]. New York：Columbia University Press，1948.

[15] 陶文昭. 重视互联网的意见领袖[J]. 中国党政干部论坛，2007(10).

[16] 陈正良. 同辈群体环境对青少年发展的影响[J]. 宁波大学学报(教育科学版)，2004(4).

第四章

数字化校园网络安全问题研究

随着数字化校园网络建设与应用的普及，数字化校园网络安全问题已经成为教育主管部门和学校管理者关心的重大问题。

一、网络安全问题

影响数字化校园网络安全的因素是多方面的，但最主要的原因，是与校园网中活跃的用户主体分不开的。高等学校的学生是最活跃的校园网络用户，对网络新技术充满好奇，勇于尝试。有些学生会尝试使用网上学到的甚至自己研究的各种攻击技术，对网络造成一定的破坏和负面影响。主要表现在以下两个方面：

（一）“无所不能”的黑客袭击

“Hacker”即黑客，最初是一个褒义词，通常是指技术十分高超的计算机程序员。而现在则用来指那些利用自己在计算机方面的技术来攻击网络或未经许可非法访问他人文件的人。目前，全球范围内有 3 万多个黑客网站。他们不仅传授黑客技术，甚至还提供黑客工具，极大地降低了学习难度，使得黑客人数突增。高校有些学生好奇心强、自我表现欲强，对黑客的技术、价值观、行为崇拜有加。有些高校学生（当然不仅仅是高校学生)认为，黑客行为不违背道德，相反是一种“侠客”行为，是一种展示自己高超技术实现自我价值的行为。为此，很多高校学生加入了“黑客一族”。据互联网信息中心统计，在国际互联网上肆虐的黑客中，70%左右是14—24岁的青少年学生。他们大肆攻击或篡改学校网站，成为数字化校园网络安全的第一大隐患。

(二)“无孔不入”的病毒攻击

计算机病毒是指编制或者在计算机程序中插入的破坏计算机功能或毁坏数据，影响计算机使用，能够通过某种途径潜伏在计算机存储介质里，当达到某种条件时即被激活并能自我复制的一组计算机指令或程序代码。计算机病毒的传染性和破坏性，严重影响了网络的正常运转和网络社会的运行环境。

二、解决的思路

(一)数字化校园网络安全问题的现状

数字化校园网络安全问题的出现与网络技术有关，所以人们通常会想到用技术来解决。一般而言，就是安装杀毒软件。著名的反病毒专家王江民认为:“编病毒的人多，反病毒的人少，几个反病毒专家的思想怎么能够和数不胜数的编病毒的人的思想相比。另外，编病毒的在暗处，反病毒的在明处，所以，我们不可能超越他们，也无法知道他们正在琢磨什么怪招法。”

目前，依靠法律制度的完善来解决这一问题也是困难重重。网络不同于现实社会的内质，以及网络法律的国际应用障碍等诸多因素，使法律在目前情况下对网络上层出不穷的新问题一筹莫展。

(二)解决网络安全问题的四种观点

1. 技术派

技术派认为数字化校园网络安全问题是由于网络技术本身引起的。所谓“解铃还需系铃人”，所以他们认为还是要靠网络技术来解决。

2. 制度派

制度派认为数字化校园网络安全问题是由于管理制度的不完善，所以要靠完善法律法规来解决这个问题。

3. 伦理派

伦理派认为数字化校园网络安全问题是因为人的道德素质差而造成的，所以要靠伦理、道德教化，培养人们的道德自律精神来解决这个问题。

4. 综合派

这一派综合了以上三派的观点，他们认为数字化校园网络安全问题是多方面的原因造成的，故应该从技术、制度、伦理等多个角度出发解决这个问题。

三、解决的措施

(一)开展网络行为规范教育，提高学生的网络道德认知

1. 调整高校法律与思想品德课的内容和结构，增加网络行为规范教育的内容

对法律与思想品德课的教学内容进行必要的重组，收集学生网络失范的典型案例，将学生网络行为的合法性、道德性教育作为教学的重要内容。

2. 在计算机及网络技术教育课程中有机融入网络规范意识的教育

网络行为规范教育不仅仅是“思品课”老师的责任，也是计算机及网

络技术教育课程教师的责任。因此学校应当在“计算机基础”“计算机应用”等相关技术课程教学大纲中提出网络规范教育的教学要求，在课堂教学中通过多种形式，进行网络法制和道德教育。这种融入专业技术课程中的思想教育往往能收到事半功倍的效果。

3. 开设相关网络行为规范的系列教育课程供学生选修

目前，“网络伦理学”“网络文化学”之类的课程已成为一些发达国家高等院校的必修课。我国学校应当积极创造条件，为学生开设相关课程。

（二）营造良好的网络环境，培养学生的网络道德情感

网络道德情感对抑制数字化校园网络安全问题的作用是不可忽视的。我们要净化网络环境，营造良好的网络文化氛围，就要进行潜移默化的感染和熏陶。而网络环境的营造离不开“管”“建”和“导”。“管”就是学校建立信息监控机构，利用网络过滤技术，过滤网络入口信息，把好网络信息“海关”。“建”就是学校要有意识地、主动地建立一批马克思主义红色网站。德育网站要弘扬主旋律，宣传马克思主义价值观、人生观和世界观，激发学生的爱国主义情感、正义感、责任感。所谓“导”就是培育良好的网络和校园文化，发挥导向作用，吸引高校学生的“眼球”，使他们的网络道德情感沿着积极、健康的方向发展。

（三）由学生扮演网络管理员角色，锻炼学生的网络道德意志

应加强对学生进行网络实践训练，组织学生、社团参加网站、网页的制作，以及网络管理、维护等实践活动。在实践活动中，一方面能使学生的网络知识、网络技术学有所用，提高其学习成就感。另一方面能使学生更真切地认识网络中的丑恶、好坏，提高自己的自制力和对网络的抗干扰力。

第五章

因势利导创建世界大学城空间思想政治教育新模式

大学生思想政治教育是我国大学教育的重要组成部分，是培养社会主义合格建设者和可靠接班人的必然要求和重要保障。在《关于进一步加强和改进大学生思想政治教育的意见》中，中共中央、国务院把大学生思想政治教育作为事关国家前途和命运的战略工程，指出要努力拓展新形势下学生思想政治教育的有效途径。

一、思想政治教育面临的新情况、新问题

我国已进入发展的关键期和改革攻坚期，随着经济体制、利益格局、就业方式的深刻变革和调整，人们的思想意识、思想观念也发生着深刻的变化，大学生思想政治教育面临着许多新情况、新问题。

（一）学分制普遍实施给思想政治教育带来的挑战

学分制又称学分积累制，是以学分作为衡量学生学习质量的单位，并根据学生的学分决定其可否毕业的教学管理制度。随着中国与国际社会的不断接轨，学分制这种先进教学管理模式在我国各高校被普遍推行。但

学分制重视的学生个性培养、个性发展严重冲击着传统的共性教育；学分制下，学生可能出现重分轻德的倾向；由于学分制实行选课制，行政班级学生较难聚集在同一课堂上等也给高校思想政治教育工作带来挑战。

(二)90后大学生的特点给思想政治教育带来的挑战

现在，90后已经成为了各高校大学生的主流，90后的成长环境具有如下特点：世界经济全球化和文化多元化，竞争激烈化和我国改革开放不断深化，市场经济体制逐渐建立，社会主义事业不断向前推进，人们生活水平不断提高，新技术不断发展。90后大学生打上了深深的时代烙印，他们自信、开放、时代感强、个性鲜明、主体意识强。在教育方式上，90后们更加崇尚一种自由、多元化的学习氛围，他们更愿意接受一种发散式的教育模式，而对各种“形式”与“口号”不屑一顾。

(三)传统网络思想政治教育平台的制约

高校网络思想政治教育从我国1994年正式接入互联网开始建设，也取得了一定的成效，但离党中央提出的“要重视和充分运用信息网络技术，使思想政治工作提高时效性，扩大覆盖面，增强影响力”还有一定的差距，主要表现在点击率不高、参与师生人数少、覆盖面窄、网站内容陈旧、与现实结合不紧密、更新不及时等，并没有达到对广大大学生进行网络思想政治教育预期的效果。

二、世界大学城空间的产生及在长沙民政职业技术学院的运用

世界大学城空间是以实现网络交互远程教育为目的，以Web2.0、XML、AJAX、SNS、Blog、Tag、RSS、Wiki等技术为核心，依据六度分隔理论设计开发的，综合了远程教学、网络办公、即时通讯、商务管理、全民媒体、个性化数字图书馆等功能的云计算远程教育互助平台。为了适应“国

际化、信息化、标准化、模块化”的要求，长沙民政职业技术学院（简称长沙民政学院）将世界大学城空间引入教学和管理工作之中。2011 年 10 月份的统计数据表明：99.6% 的长沙民政学院师生已经使用了实名实相，世界大学城空间好友数超过 10 人的达 99.5%，加入群组超过 5 个的达 83.3%，个人空间资源超过 50 个的达 71.5%。可以说长沙民政学院每一个教职员工、每一个学生都已经投入到世界大学城空间的建设和使用中。在世界大学城空间平台上，教师和学生可利用各种形式的学习资源用于交流和学习，形成了教师利用空间教学、批改作业、解难答疑，学生利用空间学习、提交作业、提问的良性循环。

三、世界大学城空间特性使其成为最佳网络思想政治教育平台

（一）学生参与度高

传统网络思想政治教育最大的弊端是点击率不高，参与师生人数少，覆盖面窄，而世界大学城空间的特性及运用却可以轻易克服这个困难。世界大学城空间账号由学校统一下发，全校师生人手一个。学校的全部课程均在世界大学城空间开设了授课、考试环节，学生必须通过世界大学城空间参与课程讨论，查询教师的授课资料，给授课教师留言提问，提交授课教师所布置的作业，参与课程考试等。世界大学城空间可以说在长沙民政学院实现了全员的时时覆盖，这就给我们思想政治教育搭建了一个最好的平台，最天然的平台，最全方面的平台，最“润物细无声”的平台。

（二）世界大学城空间的使用切中 90 后大学生兴趣点

90 后大学生是接受新鲜事物较快的群体，无论是 E－mail，还是 QQ 或者是 MSN，最先掌握且最快普及的人群都是大学生。年轻人喜欢张扬个性、喜欢新鲜事物，他们对世界大学城空间的接受度、熟悉度、喜爱度都

很高。长沙民政学院通过组织空间美化大赛，鼓励学生积极更改空间背景、空间横幅，建立空间导航，在很大程度上提升了学生使用、美化空间的兴趣。

四、创建世界大学城空间思想政治教育新模式

（一）利用世界大学城空间实名制创建平等、透明的思想政治教育模式

世界大学城空间使用以来，长沙民政学院为每个师生统一配发了个人实名空间账号。不同学院、不同部门使用不同的空间通栏，同一学院的师生使用相同的空间通栏，在空间主页面的简介中要求学生注明所在班级、职务、兴趣爱好，教师注明所在系部或教研室、职称，师生均必须使用证件照作为头像等，严格执行和落实了世界大学城空间实名制的要求，师生平等要求、平等对待、平等使用自己专属的世界大学城空间账号。不论领导、教师、学生的空间均是开放的、透明的，只需通过简单的搜索即可点击进入自己想看到的空间。这些要求使得专任教师可以轻易找到自己授课的班级学生，辅导员也可以随时找到自己班级的学生。同样，学生也很容易在世界大学城空间里找到自己信任的教师或辅导员。教师和学生可以通过留言板、私信等方式进行平等、透明的交流。世界大学城空间同时为我们提供了群组式师生互动平台，在世界大学城中可以建立行政班级群组（如长沙民院旅游1033班）、授课班级群组（如2011年上学期思政概论周三第3、4节）、学生干部群组（如寝室长交流群组），也可以根据学生兴趣、爱好建立群组（如电影电视分享bar），教师与学生、学生与学生可以在群组中展开充分的讨论。如果不设置权限，则不论是留言板上的留言还是群组的讨论，均是公开透明的，是大学生最容易接受的，所以思想政治教育工作者可以通过发布信息，与个别学生留言沟通，或参与群组讨论等方式来关注学生思想动向并加以正确引导。

（二）利用世界大学城空间创建全员育人、全方位育人模式

世界大学城空间在长沙民政学院是全校师生人人使用、天天使用，在学校实现了全员的时时覆盖，这个全员不仅包括全校教师、学生，也包括所有职能部门的员工。这给我们构建全员育人、全方位育人的思想政治教育模式提供了可能。点击进入学生的空间可以查看到他作业的提交情况、旷课情况、最近与人沟通交流情况、对不同课程的喜爱程度、心情等，点击进入相关教师空间可以查看学生相关课程的学习进度、对教师的评价，点击进入职能部门员工空间可以见到学生的意见、建议或投诉等，从而可以全方面了解学生现状，实现全员育人、全方位育人，有针对性地开展思想政治教育。

（三）利用世界大学城空间加强隐性教育，潜移默化开展思想政治教育

90后大学生更加崇尚一种自由、平等、多元化的学习氛围，他们更愿意接受一种发散式的教育模式，而对各种“形式”与“口号”不屑一顾，最反感传统的说教模式。在世界大学城这个平等、开放的空间，思想政治教育工作者可以脱下高高在上的“传道者”的外套，平等地与学生进行交流。通过创新工作方法，充实美化自己的世界大学城空间，将思想政治教育工作者要针对学生开展思想政治教育工作，变成学生喜欢点击思想政治教育工作者的空间，不知不觉接受思想政治教育。如长沙民政学院下发的《长沙民政学院辅导员空间建设管理办法》中明确规定：“辅导员空间建设要与大学生思想政治教育工作相结合。”在具体操作中，思想政治教育工作者可以通过向学生提供各类学生事务超链接（如规章制度、资助保险、心理健康、素质拓展、就业创业、常用表格下载等），设置通知发布栏、班级情况通报等方便学生日常需要的栏目，或主动给学生留言吸引学生回访等形式提高学生点击率。同时，思想政治教育工作者还应加强自身空间的美化

与建设，通过各种措施展现自己的原创文章和特长爱好、转载经典美文、上传社会热点时事资料等，提高自己的个人魅力和非权力影响力，潜移默化地开展思想政治教育工作。

（四）利用世界大学城空间搭建思想政治教育反馈机制和监督机制

世界大学城空间作为一个平等、公开、透明度极高的平台，除了资源的丰富性、时效性外，最重要的是互动性（即反馈机制）。长沙民政学院在世界大学城的使用上就很好地利用了这一功能。首先，空间的留言、私信功能。学生有任何疑问可以找到相关教师、相关部门负责人，以发私信或留言的方式反馈意见。为了方便学生查找，学校建立了全校教职员工的空间超链接表，学生需要找谁，轻轻一点就可以到达、询问；教师也可通过关注学生空间了解信息，有针对性地开展德育工作。如通过观察学生空间来访好友，可以直观地了解该同学的人际关系网络，从而及时发现班级内的“边缘化”同学，有针对性地开展工作。其次，空间的监督机制。世界大学城空间是一个公开、透明的平台，学生留言反馈的问题，人人均可以看到，选择跟帖支持或反对。这种公开透明的方式也是一种极强的监督机制，对学生所反馈的问题、所提出的意见或建议，所有的思想政治教育工作者必须慎重对待、及时答复和解决。如学生在校长空间留言：“校长，我是暑假留在学校培训的同学，今天晚上本想请几个同学去学校游泳池游泳的，可是学校游泳馆的收费太贵了，所以我们几个人只好作罢了。学校不是规定本校的学生凭校园卡只收费六块钱吗？可是我们去游泳时，游泳池的管理员说不行，要收 25 元一个人，这是怎么回事？”很快相关负责领导给出回复：“同学好！往年暑假期间学生放假全部离校了，且有很多校外居民拿了学生的校园卡来游泳池消费，给游泳池管理人员带来很大的管理难度，故从第 20 周以后取消了暑假学生刷卡机。因今年暑假我部暂没有收到任何学生留校的通知，故管理人员仍按老办法进行操作。对不起！既然有学生留校，我部将重新启用学生刷卡机。但请相互告知，留校学生一定要自带本人校园卡进游泳池，不能转借给其他人员。谢谢！体育艺术部”。如此行事可以降低师生发生矛盾冲突的几率，有助于增进师生间感情，更好地开展思想政治教育工作。

参考文献

[1] 百度百科：世界大学城[EB/OL]. http：//baike. baidu. com/view/4990876. html.

[2] 刘洪宇. 空间革命——高职院校开放发展的新起点[J]. 长沙民政学院学报，2011，18(1).

[3] 林海春. 基于世界大学城平台的高校网络思政教育工作方法研究[J]. 中国教育信息化. 2012(9).

[4] 李秀娟，唐召云. 传统思政教学向空间思政教学转变的动力机制分析——以长沙民政学院为例[J]. 长沙民政学院学报. 2012(2).

[5] 刘晓. 世界大学城空间[EB/OL]. http：//www. worlduc. com/SpaceShow/Index. aspx？uid = 7168. 留言板.

第六章

高校思政类图书的社会价值探究

网络时代，高校思想政治教育面临着巨大的机遇和严峻的挑战。如何正确认识这些机遇与挑战，调整自身的发展方向和目标定位，进而推动高校思想政治教育实现更加良好的发展，是广大高校思想政治教育工作者需要思考的重要课题。

2014年5月，由武汉大学出版社出版的《网络时代的高校思想政治教育——地方院校德育研究》(第6辑)(以下简称《网络时代的高校思想政治教育》)一书，汇集了国内多名资深专家、学者关于网络时代高校思想政治教育发展的理论成果和学术探讨。本书中的很多观点，不仅及时回应了社会各界对高校思想政治教育的关切，还站在更高的维度、更广阔的视野上，对高校思想政治教育进行了深度的理论解读。更为重要的是，通过阅读本书，我们可以充分感受到高校思政类图书在竞争激烈的出版业中的现状。在出版利益驱动的大环境下，如何科学定位出版主题并坚守出版方向，如何在沧海横流中不忘初心、回归本真，最大限度地凸显高校思政类图书的创新实践以及社会价值，值得业内人士思考。本书给我们的启示主要有两点。

一、关注相关领域的实践

创新网络时代，社会生产高速发展，随着网络信息技术的普及和应用，人们的生活方式和生活理念也在不断变化，如交际、阅读、获取信息等方式都发生了巨大的改变，在这些变化背后，人们的社会价值取向也在悄悄改变，这对高校思想政治工作提出了全新的挑战。

对高校思想政治教育工作面临的新形势、新任务，感知最深、体会最深、研究最深的，当属默默耕耘在教育一线的广大高校思政教育工作者。长期的工作经验使他们在施教过程中能够敏锐地感知学生思想领域发生的种种变化。他们对高校思政教育革新的愿望是最为迫切的。因此，在高校思政类图书的内容选取上，出版机构应该多关注一线高校思政教育工作者的心声和想法以及他们采取的措施和实践方法，以提高高校思政类图书的实用性。

《网络时代的高校思想政治教育》一书在内容选取上充分体现了实用性这一特点。本书汇集了当前各大高等院校思想政治教育一线教育工作者的80余篇文章，其可贵之处在于，一方面，这些文章体现了理论高度、思想深度和研究广度；另一方面，这些作者都来自高校思想政治教育一线，对学生的思想特点、个性特征和心理成长轨迹等有切身体会。本书文章中的诸多理论成果展示了极强的专业性和研究价值。比如书中的《用国防教育培育民族精神的魂——关于新时期高校国防教育和民族精神培养的几点思考》一文，立足高校思政教学现状，从国防教育和民族精神培养的角度切入，尝试赋予高校思政教育新的内涵和视角，读者可以通过这篇文章对众多一线思政教师丰富的实践经验、措施方法等有更加清晰的印象。《论网络时代的虚拟人格》一文，则从网络对高校学生身心、人格、生理等方面的影响入手，尝试探索网络时代高校学生思想领域的新变化和新动向，体现了时代性特征。

本书以“网络时代的高校思想政治教育”为主题，并围绕这一主题，进行了全方位、多角度、纵深性的实践总结，体现了本书编者对当前高校思政教育现状和所面临的困难的清醒认识。编者一针见血地指出，当前高校思政工作出现的种种问题，其根源就是网络时代，正是由于网络时代的来临，网络信息技术的应用，网络对人们生活的巨大影响，才使得高校思政工作经历变革与阵痛，这是本书理论研究的创新体现。

二、凸显高校思政类图书的社会价值

教育部统计数字显示，截至2015年，我国现有各类普通高校2553所，加上其他民办高校、高职专科院校，共计2845所，在校大学生已经超过3500万人。网络时代，如何做好这些高校大学生的思想政治教育工作，是广大高校思政教育工作者的一个共同课题，也是关系到社会稳定、民族振兴和国家富强的一项关键性工作。《网络时代的高校思想政治教育》一书展现了与众不同的专业敏感性，凸显了高校思政类图书应有的社会价值。

从高等教育的实际需求来看，高校思政类图书的社会价值主要体现在满足高校教学实际需要及社会读者需求两个方面。

首先，本书满足了高校教学的实际需要。如前文所言，高校思政类图书必须紧贴高校思政课教学实际，注重选取来自教学一线教师的实践经验，在兼顾理论深度的同时，最大限度凸显对实际教学的指导性和应用性。一是紧密结合高校思政课教学的现状，从高校思政教育中遇到的实际问题出发，探究根源，辨证施策，体现了作者在实践中积累的教学经验和理论思考，具有较强的可操作性和实用性，如《网络虚拟实践对思想政治教育学价值的辩证分析》《负面新闻网络传播的消极效应及德育矫正》等文章。二是从高校思政教育的一些实际课程出发，围绕如何科学构建高校的思政教学体系展开，深入挖掘现有思政课程体系的德育价值，比如《试论“中国近现代史纲要”课程的德育功能》等文章。三是立足高校学生的个性特点，分析如何把握高校学生心理特点，正确引导高校学生树立正确的价值观，比如《从90后个体特质看高职高专学生养成教育》等文章。

其次，本书满足了相关领域社会读者的需求。目前，高校思政类图书的读者群除了高校思政教师，相关领域的社会读者也不可忽视。这部分人群虽然没有思政教学的实际需求，但也愿意从理论层面去关注、研究高校思政教育。因此，高校思政类图书不仅要体现教学的实用价值，也要凸显应有的理论价值和研究价值，以满足相关领域读者的需要。本书一是从其他国家和地区的高校的思政教学经验中得到启发，将研究视野提升到了更高的层面，给予社会读者很好的理论启迪和研究借鉴。比如《哈佛大学网络公开课“正义”对我国思政课教学的启示》一文，文章内容侧重的是如何从国外高等学府的教学经验中得到启发，创新思政教育。二是立足不同类型、不同地区的院校特点，通过比较不同院校思政教育的特点，探寻思政教育的规律和时代性。比如《论网络时代高校政治思想教育的整合与创新——以金陵科技学院为例》《浅析校园媒体的思想政治教育功能——以江汉大学为例》等文章，就是立足不同类型高校的思政教育特点，研究高校思政教学的规律。三是对思政教育载体的创新和拓展。当前，很多思政教育的内容和载体相对陈旧。网络时代，思政教育应注重教学内容的更新和载体的创新，赋予思政教育新的内涵，比如《论“红色文化”的内涵特征与价值利用》等文章，体现了编者对思政教育内容和载体创新的深入思考。

高校思政类图书，必须立足学生个性特点，从大局出发，从研究需求和教学实践需要出发，科学地选取图书内容，明确图书定位，全面展现高校思政类图书的社会价值。

第七章

微信视域下高校学生工作创新模式构建研究

当前，随着全球化进程不断加速，互联网成为了世界文化交流的重要载体，我国社会主义核心价值观的构建在此形势下所面临的挑战越发严峻，因此当前各界关于大学生工作的研究力度也随之不断加深。高校大学生是社会发展的后备力量，而保证高校学生工作质量的实效性就成了当务之急。在互联网技术发展与各类移动智能终端普及的作用下，新媒体时代强势到来。微信作为国内应用最广泛的移动互联网社交软件，凭借着强大的流量优势成为了当代大学生生活中不可或缺的伴侣。同时，当代大学生作为新生代群体，具有鲜明的时代性特征，主要表现为对新生事物具有极强的接受能力并且思维也极具创新性。而全球一体化时代背景下多元意识形态与价值观的传播也在很大程度上影响着当代大学生的价值观，尤其是新媒体时代下，大众传媒借助微信等软件深刻地影响着当代大学生的思想认知。对此，高校大学生工作者有必要紧跟时代发展的步伐与时俱进，充分把握住新媒体时代的机遇，通过微信平台的优势功能致力于推进高校大学生工作水平的全面提升。

一、微信概述

微信是近些年由腾讯公司推出的一款移动互联网应用软件，属于社交类软件，能够即时发送文字、图片、语音和视频，支持多人在线的群聊模式。除此之外，微信的优势还在于其为用户提供了创建公众平台以及消息推送等功能，并且信息主体还能够发布朋友圈。该软件为用户拓展了巨大的交友空间，用户通过“摇一摇”“附近的人”等功能能够轻松地查找与添加好友，或者关注微信公众号接收推送的各类消息，对所有信息内容与短视频亦能够发送到朋友圈实现信息的共享。随着现代信息技术水平的不断提高，微信不仅拓展着平台载体，更在多元化数据网络的支持下推出了诸多新版本，赋予了信息传播的虚拟性、精确性、私密性、即时性和裂变性。笔者认为其主要特点包括以下几个方面：第一，微信是免费软件，使用成本低；第二，运行所需流量少；第三，多样化信息交互手段能够更好地满足不同客户的多元化需求；第四，基于文字而不限于文字的交流形式拥有了更广阔的拓展空间；第五，推动了社交关系的立体化发展。综合微信的特点来看，微信就是在互联网和现代移动通信技术的共同作用下产生的一种全新的信息传播载体。微信的功能始终随着技术的发展而不断趋于完善。作为即时通讯软件，其很大程度上已取代了 QQ 的地位而成为了新的主流。微信不仅具有更多的系统支持平台，更能够跨通信运营商提供服务，打破了传统信息交互的文字限制，实现了语音、视频和群聊等交流模式，因此广受欢迎。

正是基于上述主要特点，微信以迅雷不及掩耳之势开启了新的发展之路，在短短几年之内大规模普及，自媒体也因此迎来了爆发性增长。微信的传播方式已经不再局限于线性传播，同时也不同于传统互联网广播式的传播模式，而是一种个性化十足的精细化裂变式传播模式。从信息传播的深度和广度来看，目前尚未有媒介产品能够企及微信的传播效果。因此，当代大学生成为微信较大的用户群体实为必然趋势。

二、微信对高校学生工作的影响

在人们物质生活水平飞速提升的新时期，移动智能终端的大规模普及与迅猛更新，微信凭借着强大的优势打破了人与人之间的传统交流模式，作为当前最为“主流”的信息交互软件，覆盖的群体规模自然越来越大。大学生作为当代青年群体，实为未来社会发展的重要力量。该群体的年龄特点决定了其对于新生事物的接受能力极强，成为微信规模最大的用户群体已成特定格局。然而，新媒体形势下信息传播的多元化趋势势不可挡，对于大学生的影响至深，且这种影响亦呈多元化之势。可以说，当前的高校学生工作是机遇和挑战并存。

(一)微信应用软件对高校学生工作的积极影响

首先，在微信等新媒体应用软件出现之前，高校学生工作的开展以传统的方式为主，即便能够进行面对面交流，也会在很大程度上受到师生关系的影响而存在着诸多的不便因素，因此对于提升学生工作的实效性来说相对困难。在此领域当中的研究力度虽在不断深入，但收效甚微。微信的出现，打破了传统高校学生工作形式的格局并突破了师生交流的时空界限，为构建多维度与全天候的高校学生工作体系创造了无限的可能，大学生工作者能够借微信的优势同大学生进行有效沟通，直接为大学生工作的开展提供了更多的便利，使得工作的形式更加灵活、时间更加充裕。尤为重要的是，以微信为载体的交流模式直接促进了高校学生工作体系的扁平化，提升了沟通效率。强大的社交功能将高校学生工作从实体空间直接搬到了互联网空间，这对于教育环境来说无疑就是一种优化。

其次，传统高校学生工作的开展需要采用传统的方法，在工作条件有限的情形下很难进行有效创新。当代大学生普遍具有个性化的追求，同时更抱有展现自我的心理需求。微信构建了自媒体时代的“人人传媒”格局，微信满足了大学生主体性需要，同时其虚拟性与人际交往的私密性更有利于帮助大学生卸下心防敞开心扉。高校学生工作者能够借此更直观、高效地了解大学生的思想动态，并可通过图片与视频的展示将抽象的思想政治理论具体化，以提升大学生对高校学生工作的接受程度。尤为重要的是，这种基于微信平台的有效互动能够通过多层级传播优势进一步深化师生之间的心灵交流与情感互动，因此对于高校学生工作来说实为巨大优势。

最后，高校学生工作的传统载体就是高校的固定空间，而微信作为新媒体环境下的重要传播工具，亦为高校大学生工作提供了全新的信息传播渠道，教育载体也就随之丰富。比如高校学生工作者可以利用微信公众平台开设“微课堂”，整合大学生的兴趣点，保证教育工作内容的感染力和针对性。在思想政治理论课教学中借助微信公众平台进一步强化线上与线下之间的互动，不仅有利于更高效地调动起学生的学习热情，同时更有利于深入挖掘出学生更大的潜力。另外，微信公众平台应用于大学生工作的优势主要体现在大学生工作者能够打破时空限制，随时随地在微信平台传播各类信息，有利于扩大高校学生工作的影响力，进而保证教育实效性的提升。尤其是在这样的交互模式当中，大学生能够更好地表达出自身的真实想法，更有利于大学生工作的深入展开，并通过交流的有效性提升大学生参与其中的积极性，从而助推高校学生工作进程的深化。

（二）微信对高校大学生工作的消极影响

首先，微信开启了大众传媒时代，赋予了所有人平等的话语权，但互联网的特点也带来了监管的难度。一方面，微信给大学生提供了一个“自由发言”的平台，这种对个性化发展的“纵容”将过度激发青年群体的“精英意识”，从而在一定程度上弱化大学生的集体观念，使大学生的主体意识过分强烈，为高校学生工作的开展带来不利的影响；另一方面，大学生利用微信可以自由地发布言论，他们对于自我思想意识的主动表达成为了大学生主体性体现的重要方式。如此，大学生工作者的传统权威地位遭到削弱，要想保证高校学生工作的有效性就需要更加的努力。同时，大学生对于高校学生工作也不再满足于传统的被动形式，这种由自我意识引起的对思想政治权威性的挑战直接影响着高校学生工作开展的实效性，因此不容忽视。

其次，微信同互联网其他自媒体平台一样，信息的传播内容与传播范围具有诸多不可控性，加之大学生的思想认知水平尚处于不完全成熟阶段，较容易受到不良或虚假信息的误导。与此同时，各类不利于高校学生工作的消极信息也能够借互联网实现病毒式的扩散，而由此造成的强大舆论影响力完全“势不可挡”。这种多元思想意识与价值文化的交互性致使信息的复杂程度越来越高，低俗、暴力、黄色与泛娱乐化信息也必然充斥其中。这种文化渗透的作用将直接干扰当代大学生的思想意识，为高校学生工作的顺利开展带来极大的阻碍，大大增加了高校学生工作的难度。

最后，虽然微信具有诸多的传播优势，但大学生对于各类信息的判断能力并不高，加之某些图谋不轨者对真实信息的恶意篡改，很多信息在经过多级传播之后已“面目全非”。综合来看，这种碎片化的信息泛化与信息内容真实性的“跑偏”致使当代大学生所获取的信息并非具有全面性和客观性。往往大学生对于微信信息内容的阅读仅停留在表层，在一定程度上会因对信息缺乏全面了解而逐渐形成片面与偏激的意识，尤其是在某些歪风邪气的影响与“歪理邪说”的引导下更容易迷失自我，正确思辨能力的养成也就相对困难。而高校大学生工作的开展，也必将因此而面临更大的困难。

三、微信视域下高校学生工作创新模式构建策略

在新媒体时代，微信在大学生群体中的全面普及已成必然趋势。高校学生工作的本质是以思想政治教育为基础，对大学生的发展进行全面的指导，同时也包括大学生的事务管理等方面。尽管微信的应用对于高校学生工作的开展具有积极的促进作用，但同时存在的挑战亦不容忽视。正确的思想政治核心价值观是大学生教育的基础。在新媒体环境下，要充分利用微信的优势构建高校学生工作创新模式，须做好如下几方面工作：

（一）抢占微信阵地，拓展高校大学生工作渠道

在新媒体时代，微信成为了人们传播信息并获取信息的重要渠道，同时，因交互软件的互动性，微信已经成为了人们对于某种观点达成共识的

“教育”场所，这种借“微力量”所形成的新的力量能够急速扩大与聚合。因此，高校学生工作者应当对微信的优势予以正确的认识，并加大对此优势的利用力度，将微信视为当代大学生工作与思想政治教育的重要阵地，在此基础上不断强化阵地意识，全面调动起高校学生会与党组织的力量，创办高校官方微信公众平台，打造良好的高校学生工作环境基础。同时，由高校学生工作者带领广大教师与辅导员开通微信账号，同学生之间架构起全新的沟通网络，推动高校学生工作信息的全面传播，最大限度拓展高校学生工作渠道，使高校学生工作的实效性全面提升。

（二）善用微信功能，创新高校学生工作方法

微信的功能优势表现在诸多方面，对于大学生工作来说，微信的优势主要体现在其作为大学生的表达空间，有利于帮助大学生工作者获取更真实的大学生思想政治动态。相对来说，微信算是一个较为私密的空间，无论文字还是图片，很多都是大学生有感而发。对此，大学生工作者应当利用微信对大学生的思想动态进行密切关注，将沟通模式灵活化，不断拉近大学生工作者同大学生之间的距离；同时还要积极促进自身微信平台内容吸引力的提升，以调动起大学生关注的积极性。另一方面，高校还应紧随当前和谐社会发展进程，对大学生重点加强社会主义核心价值观的有效引导，从而使大学生群体真正成为社会主义先进文化的传承者与传播者，对主流价值观的树立起到积极的推动作用，成为实现“中国梦”的中坚力量。

（三）加强微信平台管理，净化高校学生工作环境

高校大学生工作的环境创设依赖于正向舆论的有效引导。而借此形成的效应可潜移默化影响到大学生的思想政治意识，从而保证高校大学生工作的有效性。对此，本文认为高校大学生工作者应当充分正视微信平台当中信息的舆论导向性，重点加强对微信平台的严格管理，建立并完善相关制度，设立专职人员对各类信息进行全面分析，提高舆论动态的敏感度。在此过程中，大学生工作者应当切实还原大学生的主体地位，在充分

尊重大学生的前提下对各类信息进行筛选，及时过滤不良信息。若不良信息来源于校内，则有必要追根究底之后根据实际情况开展有针对性的教育。另外还需要构建舆情应急机制，以保证校园风气始终处于良好状态。

四、总结

综上所述，微信视域下高校学生工作创新模式的构建应该坚持科学理念的指导，在新媒体进步发展的大背景下，广泛应用新媒体网络资源成为了必然选择。所以，面对新媒体资源应用存在的优势和劣势，高校学生工作建设应该加大管理力度，引进各类新型研究成果，抓住发展机遇，制定合理措施应对挑战；充分利用新媒体的各项技术资源优势，为思想教育工作开展提供重要支持，开辟新的发展空间；还应该积极主动对大学生德育工作的开展进行研究分析，了解大学生德育工作开展和新媒体应用之间的紧密联系，促进整体教育实践能力的提高。

参考文献

[1] 刘智. 基于 SWOT 分析的微信公众平台在高校学生工作中的创新运用研究[J]. 教育教学论坛，2015(43).

[2] 于纪航. 创新微时代环境下的辅导员工作模式："微信"在大学生日常管理与网络舆情干预中的应用[N]. 哈尔滨金融学院学报，2013(06).

[3] 徐文超. 高校学生工作中网络载体的运用创新——基于时下微信流行的原因分析[J]. 经济与社会发展，2014(01).

[4] 严莹. 论微信在大学生思想政治教育工作的功能[J]. 中国报业，2013(5).

[5] 李立国，胡金波. 高校学生党建协同发展工作模式与平台创新探讨——以重庆交通大学为例[J]. 赤子，2014(02).

[6] 孔德明. 论依托微信创新高职院校学生党建工作[J]. 企业家天地，2013(3).

第八章

微博时代对大学生个人思想的影响及应对措施

一、微博时代概述

（一）内涵

微博是微型博客的简称，是各用户之间的一种相互交流、关注、了解的实时性平台，通过这样的一个平台，用户既可以用一小段简短的文字来描述发生在身边的奇闻乐事与世界各地的其他用户一起分享，也可以收听到来自四面八方的实时新闻等，微博还可以上传视频、图片和音频，更重要的是，微博开通了多种 API（应用程序编程接口），便于用户利用手机、网络等方式随时作出信息更新。微博时代是在 2009 年一些全新的微博产品进入人们视野以后迅速发展起来的，这些微博产品主要有腾讯微博、新浪微博、搜狐微博和网易微博。微博一经推出就备受人们关注和喜爱，尤其是在大学生等一些年轻人中产生了巨大的影响，彻底地改变了他们的生活方式和习惯。在巨大的生活和工作压力之下，他们可以通过微博来发表自己的心情和感想，微博成为了他们思想宣泄的一种渠道。

（二）特点

微博之所以能够风靡全球，受到不同年龄段、不同文化程度、不同生活层次的人们的喜爱，是因为微博具有实时性、便利性、原创性、多样性、聚合性等特点。实时性，即在微博中发表的各类新闻事件都是事件现场的人通过手机及其他电子产品记录下来的正在发生或者刚刚发生的真实事件，短短的几分钟甚至是几十秒以后，世界各地的微博用户就可以通过微博来了解事情的发生和发展；便利性，指微博用户可以通过微博开通的多种 API 随时随地的用手机、电脑等通讯工具来与认识或不认识的人传递信息、互通有无，曝光即时突发事件的速度和便捷性甚至可能超过其他所有媒介；原创性，指同博客和其他的一些传播媒介相比，微博的原创性更高，不论你是备受关注的各界名人还是无人知晓的平民百姓，都可以在微博上各抒己见，尽情地书写自己的所思、所想、所感、所闻和所见；多样性，即上传到微博中的内容除了可以是简短的文字以外，还可以是视频或音频，用声图并茂的形式来让微博用户更加直观地了解真相；聚合性，指来自世界各地、四面八方的人，通过微博这一交流平台，将原本分散的人们的关注目光和焦点聚合到了一起。

（三）意义

在人类步入数字化时代以后，越来越多的网络信息技术产品被人们研发和使用，微博就是其中一款广为流传和使用的交流服务器，得到了各界人士的青睐和喜爱，成为了新时代人类的一个展示平台。微博正在渐渐改变着人们的生活，其社会影响力正在与日俱增。微博时代对人类的重大意义主要有：①微博赋予了所有网民平等的话语权，给一般民众提供了表达心声的机会，一条全新的民意表达渠道应运而生；②微博构建了许多功能多样化的虚拟型聚合社区，用户只需在微博上点击符合自身条件的一些职业、爱好、星座等标签，就可以进入到相关的微博群当中，结识到来自五湖四海的新博友，相互进行感情、心灵、爱好等方面的交流；③微博能够对社会中的突发性事件进行实时反应，通过微博的实时更新，可以让远在千里之外的用户掌握事件的第一手消息，且通过手机微博可以覆盖到那些网络所不能及的盲区，扩大了消息来源，用户还可以及时对事件作出评价等。

二、微博时代对大学生个人思想的影响

微博在年轻一代当中，特别是在大学生当中所起到的作用和影响是最为明显和深刻的。因为大学生往往是对各种先进的网络信息技术上手最快的一个群体，加上大学生面临着学习、生活和就业的三重压力，所以更需要通过像微博这样的一个平台来宣泄情感，并从中获取心灵慰藉。微博时代的到来，改变了当代大学生生活方式。微博对大学生的个人思想带来了正反两方面的影响：

（一）正面影响

1. 微博可以帮助大学生开阔眼界

微博就是一个超大的信息原产地，可接收源自世界各地的丰富多彩的实时讯息。微博没有国界，大学生可以通过关注微博了解到更多的世界文化和全球新闻，结交来自不同民族和国家的朋友。微博涵盖了新闻资讯、娱乐报道、社会文化、科学技术、生产生活、名人名言、民众舆论等方方面面的内容，具有多样性和多面性。此外，大学生还可以通过微博上的消息群组了解到新老朋友的最新近况，以及许多在日常生活中所不能了解到的事情，学到更多大学教学以外的理论知识。作为当代的大学生，必须具有更高的知识水平和更大的信息储备，微博就是这样一个可以满足当代大学生需求的便捷通道。

2. 微博是大学生展示自我的平台

微博开通了文字、视频、音频等多种上传形式，不再仅仅局限于单纯

的文字，拓宽了用户的信息资源发表渠道，让微博世界多了几分色彩，显得更加生动。大学生可以利用多元化的微博，编辑一段文字来展示自己的语言能力，或上传一段视频或音频来展示自己的才艺和技能等。通过这样的一种形式，大学生也可以像明星一样，用个人魅力来吸引属于自己的微博粉丝，得到广大博友的关注和追捧，也可以在表示反对的声音中发现自己的不足之处并加以改正。大学生的生活是极其丰富多彩的，每天都会有许多值得记录的人和事，对此，大学生可以通过微博，把自己的成长经历和心情一一记录下来，充分展示属于自己的独特个性。

3. 微博有助于抚慰大学生的心灵

从某种角度来说，大学生是承受压力最大的一个群体。因为他们同时面临着学习、就业和生活的三重压力，所以个人思想和心理都是异常紊乱的，迫切需要找到心灵的出口。微博时代的到来，恰好为大学生宣泄个人思想和寻求心灵慰藉找到了一条捷径。大学生完全可以将自己的心理困惑和思想感悟发表到微博中，寻求广大博友的帮助，解开思想束缚，缓解内心压力，看到希望的存在，用更加积极的态度去面对自己的人生。比如大学生在现实生活中不愿意同他人分享和述说的一些事情，可以利用微博以匿名的形式与博友进行交流，这样有助于他们打开心扉、放松心情。大学生也可以针对某件事情给出自己最真实的评价和见解，或支持或反对，或愤懑或喜爱。

（二）负面影响

1. 微博极易扰乱大学生的价值观念

在微博世界中，什么样的人都是存在的，有积极进取的，有安于现状的，也有消极厌世的，各种极具个性的思想交汇、碰撞到一起，在产生积极影响的同时也必然会带来不良影响。微博中不同的人生观、世界观和价值观极有可能对价值观念尚未成形的大学生造成强烈的影响，大学生往往会受到个人情感因素驱动而丧失了理性思考的能力，对一些本就不被肯定的思想观念在扣上了“新”“潮”等帽子以后就选择相信和盲从，以至于完全扰乱其价值取向。

2. 微博不利于提高大学生的实际交往能力

微博是属于网络信息服务范畴的一种交流平台，具有很强的虚拟性。热衷于刷微博的大学生整天沉溺在电脑和手机中不能自拔，从而忽视了现实生活中人际交往的重要性，忘记了人终归还是得回到现实，在人与人的相互接触中学习、工作和生活。大学生往往因为不愿意面对现实生活中的种种丑态，所以选择在虚拟的微博世界中去寻求安慰，以满足自己的心理需求，减少了与人接触、交往的时间和次数，导致大学生的现实人际交往能力逐渐下降，不利于大学生建立广泛的现实人际关系网。

三、微博时代大学生的思想教学和引导措施

（一）通过高校微博，密切关注大学生的思想变化

当代高校应该紧跟时代的潮流，及时改进自身的思想教育手段，让教学与高科技紧密结合，满足当代大学生的社会需求。在全民风靡的微博时代，高校必须顺应时代发展的要求创建属于自己的校园微博，时常在微博中发布一些实时问题，通过大学生对该问题的评论，了解大学生的个人思想变化，掌握大学生的思想发展趋向，发现大学生的思想问题，以便及时地研究出相对应的解决办法。高校教师只有准确把握了大学生的思想变化，才能在今后的思想教育过程中更好地为大学生作出思想指引。

（二）用积极思想及时占领微博中的思想高地

对于微博中一些有关个人思想和价值取向的新闻事件、舆论话题等，高校应该想尽办法在第一时间占领思想高地，用积极的、正确的、科学的思想意识和价值观念来树立博友思想认识的大方向，对大学生的个人思想

进行正确的引导，最大限度地避免大学生的个人思想被那些少数的极端思想所影响和迷惑。高校的德育教育部门应竭力成为大学生的博友，充当他们的思想领跑者，经常在备受大学生关注的微博群中发表一些有助于提高大学生思想道德素质的话语和言论，肩负起正确引领大学生思想的教育责任。

（三）通过微博来加强教师与学生间的对话和交流

高校的思想教育者应该对微博加以充分利用，让微博变成教师与学生之间相互沟通、相互交流的桥梁。在当代环境下，教师不应该再以纯粹的教育者形象与大学生进行交流，而应该尽可能地成为大学生的朋友，互相信任、互相尊重。课上，教师应该担起教学任务，对大学生进行循循善诱的思想教育。课后，教师就应该放下为人师表的架子，以好哥们、好姐妹的身份和心态在微博上同大学生一起谈论各种话题，如学术研究、情感问题、家庭烦恼、兴趣爱好等一切可以共同分享和分担的事。大学师生之间通过在微博桥梁上的对话和交流，为教师提供了一条便捷的途径来帮助大学生解决思想上的各种问题，为大学生排忧解难，让大学生长期保持良好的思想状态。

（四）利用丰富多彩的校园活动促进大学生与微博的和谐关系

高校必须让大学生明白一个真理：网络终究不能替代现实生活。调查研究发现，绝大多数的大学生都是通过微博等网络媒介来进行交流的，为了不让大学生沉溺于微博的虚拟世界当中，高校应该尽可能多地开展能够吸引大学生注意的校园文化活动，为大学生提供更多的参与社会实践的机会，使大学生的微博生活与日常生活和谐发展。例如，高校可以在校内组织创建内容和形式多样的社团活动，增加大学生参加社团活动的时间来减少刷微博次数。此外，高校还可以与校外企业通力合作，如专业实践、爱心公益、志愿劳动等，为大学生提供更多的参与社会实践的机会。如此一来，大学生的微博时间和现实活动就能协调发展，使大学生在微博上得到愉悦心情、张扬个性的同时，也能通过实践活动不断地提升自身的交际能力。

四、总结

综上所述，微博具有实时性、原创性、聚合性等特点，正在逐渐改变着人类的生活习惯和交流方式，对人类社会的发展和进步具有重大的意义。微博时代的来临对当代大学生而言既有好的方面也有不足的方面，在为大学生的生活方式提供便利的同时，也给大学生的个人思想造成了极大的影响，高校和教师应该针对微博所带来的不同作用和影响分别采取有效措施来加以应对，对大学生的个人思想进行科学的教育和正确的引导，保证大学生的个人思想朝着积极向上的方向发展。

参考文献

[1] 潘国昌. 微博对大学生思想行为的影响及对策研究[D]. 河北师范大学，2012.

[2] 张静. 微博对大学生的影响与对策研究[D]. 南京师范大学，2012.

[3] 高菲. 思政教育：“微博”之力不微薄[N]. 中国教育报，2012(005).

[4] 程振凯. 微博“问诊”大学生心理[N]. 人民日报，2011 (014).

第九章

微时代大学生思想政治教育环境的优化

随着互联网信息技术的深入发展，高科技电子产品的日新月异，以微博、微信、微电影、微广告、微生活等为主的微时代全面席卷人们的生活。所有这些以去中心化、碎片化、零散化、即时化为特征的新兴文化迅速渗透到文化教育领域，潜移默化地影响着大学生的学习、生活和思想感情，以及行为选择。

一、微时代大学生思想政治教育面临的机遇

（一）思想政治教育的时空得到拓展

微平台是随着信息技术和互联网的发展而兴起的信息传播和学习交流的载体，具有即时性、快捷性、交互性和辐射广等特点，为进行思想政治教育工作开辟了新载体，打开了新局面。空间上，微平台克服了以往面对面谈心、授课等教育对象有限的缺点，实现了广覆盖、宽辐射。时间上，微平台突破了传统教育中主体与客体交往的时限，真正实现了全天候二十四小时无间断服务。微平台信息传播的超时空性和全天候特点，有助于加强思想政治教育的渗透性和影响力，扩大教育的受众面。

（二）思想政治教育更生动形象

微时代为开展生动形象的思想政治教育开辟了新载体，提供了新途径。集文字、图片、音频、视频等于一体的微平台，不仅能为用户提供文字、图片、漫画等视觉信息服务，同时能提供音频、视频等听觉信息服务。通过强有力的视听冲击，思想政治教育在不知不觉中渗透到学生的学习和生活中，实现了思想政治教育趣味性和教育性的统一。微时代信息的零散化、即时化大大提高了信息的传播速度，丰富了思想政治教育的手段和方式。“微控”学生关注微信息，并通过微平台表达思想、交流感情。在微平台巧妙设计渗透思想政治教育内容，有助于提高大学生思想政治教育的针对性和实效性。

二、微时代大学生思想政治教育面临的困境

（一）微信息的碎片化挑战着思想政治教育

作为一个公众舆论平台，微平台上的信息能够迅速引起广泛关注、转发，成为舆论焦点，产生巨大的舆论影响。但微平台传播的信息往往充满碎片化特征，一个符号、一张图片、一段视频，甚至一个表情，隐喻着一个碎片化的信息，很难呈现出完整、全面的信息。这使得大学生容易受到迷惑和欺骗，无意中充当了虚假信息的传播者或成为虚假信息的受害者。碎片化信息带来碎片化表达、碎片化时间和碎片化学习，挑战着思想政治教育。

（二）微信息的虚拟性极大冲击着思想政治教育

相较于现实生活，在微平台学生有更大的主动权和选择权。因此部分大学生可能获得比在现实生活中更多的成就感和满足感。微信息的虚拟性极大冲击着思想政治教育，有些学生过分迷恋微平台下温情脉脉的人际关系和虚拟无缺憾的人生，选择消极地逃避现实的矛盾与问题；有些学生

因为微平台上负面信息的传播而对党的领导失去信心；有些学生因为外来文化的入侵而丧失民族认同感；有些学生因为现实问题和矛盾的存在而对党的方针政策持怀疑态度。

（三）微平台的开放性考验着高校思想政治教育工作者

微时代里大众通过互联网、宽带局域网、无线通信网、卫星等渠道，以及电脑、手机、数字电视机等终端同全球知识体系、文化思潮和新闻事件等相连，随时随地浏览新闻、分享感慨、交流思想和感情。这种全民自主制作“DIY”式的传播方式，不仅挑战着思想政治教育者的话语权，更增加了舆论控制、监管和导向的难度，对思想政治教育工作者的能力素质提出了更高的要求，考验着高校思想政治教育工作者。

（四）微信息的去中心化干扰着大学生思想政治教育的主旋律

微时代开放式话语平台上信息混杂，大量负面信息、不实信息、腐朽文化借助微平台进行传播和扩张，形成负能量场。更有一些不良的思想冲击社会主义意识形态和社会主流价值取向。微平台上存在的一些低俗文化不仅对青年大学生的三观产生不良影响，更会给社会造成恶劣影响，使大学生思想政治工作处于复杂的信息环境之中。

面对微时代的机遇与挑战，思想政治教育应与时俱进优化思想政治教育环境，以增强大学生思想政治教育的吸引力和感召力，提高针对性和时效性，润教于细无声，使思想政治教育真正入眼、入耳、入脑、入心。

三、微时代大学生思想政治教育环境的优化

（一）增强大学生的信息鉴别能力，优化思想政治教育受众环境

各种新兴媒体随着信息技术的发展而迅猛涌现，并使大学生趋之若

骛，微平台为大学生们呈现了丰富的知识和海量的信息。面对庞杂的微平台知识、泥沙俱下的微信息，高校思想政治教育工作者必须加强学生的基础传媒知识信息素养，网络法律和网络道德规范的信息意识教育，增强学生信息鉴别能力，提高学生驾驭和掌控微平台信息的智慧，以优化高校思想政治教育的受众环境。

（二）增强教育主体素养，优化思想政治教育外部环境

微时代思想政治教育外部环境的优化需要教育主体注重教育观念的转变，紧跟时代步伐，学习新的教育方式与手段，高效运用新载体、新平台。首先，思想政治教育工作者应敏锐地觉察到思想政治教育环境的变化，转变观念、转换思维，积极利用微平台进行思想政治的渗透教育。其次，思想政治教育工作者应与时俱进，了解“微语言”，熟练运用微平台加强对大学生的教育、引导和管理，研究大学生思想政治教育中的新问题、真问题，为大学生思想政治教育提供良好的外部环境。

（三）加强监管与导向，优化思想政治教育平台环境

丰富的微平台思想政治教育资源能以正确的舆论引导青年大学生树立起正确的三观，并在生活中积极践行社会主义核心价值观。为增强微时代高校思想政治教育的实效性，各级教育主管部门应改善技术条件，加大教育类微博、微电影、微信公众号和 APP 的开发和投入；充分利用微平台传播快、受众广的特点，不断形成丰富的学生喜闻乐见的微平台思想政治教育资源；积极利用特色鲜明、富有个性和吸引力的思想政治教育资源开发时政评说、热点讨论、青年论坛和生活服务等板块，优化思想政治教育平台环境，进行党的路线方针政策的渗透教育。

（四）创新思想政治教育微语言，优化思想政治教育话语环境

如今，在微博、微信等微平台浏览和查阅信息已成为大学生每天的必修课。在新的形势下如何在微平台使用学生喜闻乐见的思想政治教育微

语言，关系到良好思想政治教育话语环境的营造和形成。微时代的思想政治教育工作者必须转变传统教育方式，充分尊重大学生的网络话语权，积极利用微平台与学生进行平等的互动和交流。在与学生的交流和互动中积极学习、了解、分析和解读大学生微语言，并根据学生实际和思想政治教育的需要创造生动诙谐、贴近生活、富有时代气息，符合大学生语言表达的思想政治教育微语言，以在无形中促进大学生良好思想道德素养的形成。

四、结语

在微时代，思想政治教育的机遇与挑战并存。我们必须转变观念，牢牢树立以学生为本的思想，与时俱进，不断向学生学习，深入微平台与大学生分享交流信息，了解学生关注的热点问题和思想动态，及时处理大学生所面临的实际问题和思想问题，提高思想政治教育的针对性，开创思想政治教育工作的新局面。

参考文献

[1] 刘春波.大数据时代思想政治教育模式的创新[J].湖北社会科学，2016(9).

[2] 谭丽琼.碎片化时代大学生思想政治教育的挑战与机遇[J].求知导刊，2015(16).

[3] 徐曼."微时代"大学生思想政治教育工作研究[D].沈阳：沈阳师范大，2014.

[4] 王倩.微时代大学生思想政治教育载体研究[D].西安：西安科技大，2012.

[5] 孙琳琳.大学生网络利用的问题及对策[J].现代教育管理，2011(11).

[6] 程薇.网络时代大学生思想政治教育[J].长春理工大学学报(社会科学版)，2010(1).

[7] 王畅.大学生思想政治教育保障机制的构建研究[D].大连：辽宁师范大学，2007.

[8] 张光慧.大学生思想政治教育保障机制刍议[J].学校党建与思想教育，2005(5).

第十章

高职网络思想政治教育的SWOT分析及对策研究

随着信息技术的发展，中国大学生逐渐成为互联网最大的网民主体，高职思想政治教育必然需要在网络开辟新的教育渠道，抢占网络德育阵地。网络给思想政治教育带来了新的机遇，也带来了新的挑战。正如尼葛洛庞帝在《数字化生存》一书中所说："每一种技术或科学的馈赠都有其黑暗面。"本文运用管理学中的SWOT分析法，对高职学生网络思想政治教育的优势、劣势、机遇和威胁进行全面系统的分析，并制订相应的SO策略、ST策略、WO策略、WT策略，以便教育者能够充分发挥其优势、抓住其机遇，克服其劣势、化解其威胁，充分运用好网络这一新载体和新平台。

一、SWOT分析方法概述

SWOT分析方法是企业常使用的战略分析工具之一。它最早是由哈佛商学院的肯尼斯·安德鲁教授于1971年在《公司战略概念》一书中提出的。SWOT中的各个字母代表不同的意思。S指企业内在的优势(strengths)，W指企业内在的劣势(weaknesses)，O指企业外在的机会(opportunities)，T指企业外在的威胁(threats)。

SWOT分析方法的指导思想就是在全面把握企业的S、W、O、T基础上，建构SWOT矩阵，制订符合企业未来发展的战略，以发挥优势、克服不足、利用机会、化解威胁。故SWOT分析的第一步是分析企业的内部优势和弱点；第二步是分析企业面临的外部机会和威胁；第三步是将外部机会和威胁与企业内部优势和弱点进行匹配，形成可行的SO、WO、ST、WT战略。

高职学生网络思想政治教育的SWOT分析，就是通过调查列出高职院校利用网络进行思想政治教育的内部优势、劣势因素、外部机遇、威胁因素，然后运用系统分析的思路，把各种因素相互匹配加以分析，并提出若干完善对策。SWOT分析方法在高职网络思想政治教育的运用有着重要意义。它有利于高职院校扬长避短，有针对性地发挥优势、改正不足；有利于高职院校审时度势、因势利导，把握机会、化解威胁，实施相关策略，使网络技术充分为思想政治教育服务。

二、高职网络思想政治教育的SWOT分析

（一）高职网络思想政治教育的优势

网络作为一种全新的传播媒介，具有信息传播的超时空性、交流行为的交互性、教育方式的多样性等特点，在高职思想政治教育中具有明显的优势，主要表现在以下三个方面：

1. 网络信息传播的超时空性，有利于突破思想政治教育时空的限制

网络信息传播的超时空性，主要表现为各种信息在网络中可以不受时空限制被传播、被浏览、被吸收，极大地延伸了人们进行交流互动的时间和空间。网络的这一特性突破了思想政治教育地域和时间的限制，解决了传统的思想政治教育信息传递的跨越性和时效性无法保证的难题。这不仅使受教育者随时随地的学习成为可能，又为教育者及时监控并引导大学

生思想动态提供了保障，保证了思想政治教育的时效性。

2. 网络交流行为的交互性，有利于突破思想政治教育师生互动的隔阂

网络作为继报纸、广播、电视之后的第四大传播媒体，具有更大的自由交互性。人们可以自由选择进行一对一、一对多、多对一，甚至一对空的实时交互和非实时交互。在这里，思想政治教育双方可以平等地、自由地参与网上的各种活动，教育双方既是信息的接受者，又是信息的发布者、传播者、评论员或者反馈人。网络的这一特性为思想政治教育创造了一种民主、自由、开放的氛围，受教育者敢于和乐于表达自己真实的情感和想法，突破了师生间的沟通隔阂，有利于思想政治教育主体有的放矢地开展工作。

3. 网络教育方式的多样性，有利于突破思想政治教育的僵化模式

目前，思想政治教育者根据网络的特点、功能，探索出了许多立足学生、化解困惑、注重时效、奉献社会的网络思想政治教育方式方法。例如，根据学生喜欢使用网络进行通信的特点，建立 QQ 群，拉近师生间的距离；根据当前大学生产生心理问题的人数日益增加的现实情况，开辟网上心理咨询室，进行个性化服务；根据网络教育优势，在网上提供具有教育意义和价值导向的信息，建立网络德育课堂。这种网络德育，看不到老师严厉的面孔，听不到老师不停的说教，学生在游戏中、在情景体验中感受思想政治教育内容，使学习变得更加愉快、更加自主、更加有趣起来。

（二）高职网络思想政治教育的劣势

目前，不少高职院校远未充分利用好网络这个新平台开展思想政治教育，而高职院校的软硬件条件也有着不可忽视的劣势，会在一定程度上削弱思想政治教育的效果。其原因主要有以下三个方面。

1. 现有的思想政治教育队伍水平，削弱了网络思想政治教育的执行力

目前，高职思想政治教育队伍存在以下两个突出问题：第一，思想政治教育人员不够。高职院校经过这几年的规模扩张，在校生数量增加，而

思想政治教育人员并没有严格按照国家规定的比例进行配备。这样的人员配备，应对平时的课堂教学都有点捉襟见肘，更别说网络思想政治教育了。第二，思想政治教育人员网络信息技术素养不够。为保证网络思想政治教育正常运转，及时有效地开展工作，思想政治教育者必须具有良好的网络信息技术素养。而当前高职院校和思想政治教育人员都侧重于个人政治修养和专业素质的学习和提高，忽视了网络技术等配套教育手段的提高，从而导致业务能力和技术水平都过硬的思想政治教育人员较缺乏，难以满足网络思想政治教育发展的需要。

2. 现有的思想政治教育对象的参与水平，削弱了网络思想政治教育的辐射力

网络思想政治教育要取得效果，前提是受教育者具有较高的学习参与度，会根据自己的兴趣、爱好、修养需求到网站中查阅相关的教育资料和资源，进行良好的师生互动。而在调查中我们发现，这刚好是高职院校学生所缺乏的。高职院校往往更加注重培养学生的专业学习能力，对思政课、通识课等提升学生素养的课程不够重视，这种理念也直接影响到了学生对公共课程的态度以及上网学习的目的。调查结果显示，40%的学生会自觉到网络德育课程网站进行学习，26%的学生经常参与网上课堂的互动，更多的学生只是阅读浏览德育网站，很少参与讨论，跟帖回复。

3. 现有的德育网站建设水平，削弱了网络思想政治教育的生命力

目前，我国德育网站在数量方面有显著增长。据中国红色联盟网站不完全统计，我国目前至少已经有1183个德育网站，其中高校类756个。但目前我国高职院校，相对来说德育网站建设水平不高，德育网络阵地作用不明显，主要表现在以下两个方面：第一，网站的数量少、规模小。目前，在大学里比较有影响力的德育网站有北京大学的红旗在线、清华大学的红色网站、上海交大的交大焦点、浙江大学的求是潮、中南大学的马列网，高职院校基本上还没有建立起在全国有影响力的德育网站。第二，德育网站资源内容枯燥，形式呆板，难以吸引学生，造成“你不理我、我也不理

你”，访问量过少的尴尬局面。

（三）高职网络思想政治教育的机遇

随着国家的重视、网络思想政治教育研究的不断深入以及高职院校信息化建设的大力发展，为高职网络思想政治教育带来了前所未有的机遇。

1. 国家相关文件的出台，为网络思想政治教育的开展提供了政策支持

国家高度重视利用网络进行思想政治教育，并出台了相应的文件进行政策支持。2004 年中共中央、国务院《关于进一步加强和改进大学生思想政治教育的意见》特别强调：“主动占领网络思想政治教育新阵地，要全面加强校园网的建设，使网络成为弘扬主旋律、开展思想政治教育的重要手段，要利用网络为大学生学习、生活提供服务，对大学生进行教育和引导，不断拓展大学生思想政治教育的渠道和空间。”

2. 网络思想政治教育的研究，为网络思想政治教育的开展奠定了理由基础

随着计算机和网络的兴起，网络思想政治教育越来越受到国内外学者和社会各界的关注。国外学者侧重于从网络道德和网络规范方面研究网络对思想政治教育造成的影响。国内学者侧重于研究网络思想政治教育工作所面临的机遇与挑战、教育方法和手段、以及网络文化、网络舆情、网络思政教育的长效机制等。网络思想政治教育研究的深入，为推进高职网络思想政治教育的开展奠定了理论基础。

3. 高职院校的信息化建设，为网络思想政治教育的开展奠定了物质基础

随着信息技术的发展，教育信息化建设已成为人们关注的热点和焦点，许多高职院校抓住有利时机，投入大量资金，建起了以校园网为核心，其他设施配备齐全的信息化平台，为网络虚拟空间思想政治教育的开展提供了硬件保障。同时，高职院校在加大投入硬件设施建设时，也注意加强校园网络管理，出台了相应的管理规章制度和校园网络行为准则等，规范学生的网络行为，为网络虚拟空间思想政治教育的开展提供了软件保障。

(四)高职网络思想政治教育面临的问题

网络思想政治教育也会因为网络自身的特点对其过程、效果带来威胁，主要表现在以下三个方面：

1. 网络的平等性，导致思想政治教育主体的权威性受到威胁

在传统的思想政治教育中，教育者凭借信息优势和经验优势，在教育过程中享有比较高的权威。在网络环境下，学生通过网络可以方便快捷地查阅到各种公开或非公开、真实或虚假信息，教育者的信息优势在一定程度上丧失，甚至还会出现教育者处于信息劣势的境地，教育者所说的信息学生早就知道，而学生嘴里蹦出的新名词和新鲜事却是教育者闻所未闻的，教育者的权威性受到质疑甚至威胁。

2. 网络的开放性，导致思想政治教育过程的可控性受到威胁

在传统的思想政治教育中，教育者把含有符合社会要求的政治观点、道德规范等信息，通过课题宣讲、个别谈心等方式，有计划、有目的地灌输给受教育者。受教育者在各种因素的作用下，内化为自己的意识，并外化为良好行为和习惯。这个过程的一个重要特点就是可控性。而在网络环境下，网络是完全开放的，大量信息的传播脱离了教育者的控制，青年大学生选择吸收什么样的信息也主要取决于他们自己，这使得教育者无法针对性地开展工作。

3. 网络的虚拟性，导致思想政治教育效果的实效性受到威胁

虚拟性是网络环境的本质属性。网络的这一虚拟性特点容易给学生造成一种“自由”的幻觉和“为所欲为”的冲动，导致许多大学生陶醉其中而不能自拔。这极易使其形成言行不一、表里不一、言不由衷等人格分离现象。同时，网络意识形态纷繁复杂，不同的道德信仰、价值观念、生活方式等在这里相互冲突和碰撞，或融合、或对立。而大学生刚好处在心智不太成熟、价值观念不太坚定、意识形态不太独立的时期，容易受环境、他人的影响。这很可能造成学生思想混乱、道德失序，更可能造成学生行

为失犯，甚至网络犯罪，使思想政治教育适得其反，产生副作用，极大降低思想政治教育的实际效果。

三、基于 SWOT 分析的高职网络思想政治教育对策

根据 SWOT 分析方法的原理，高职网络思想政治教育对策的基本思路是：发挥优势因素，克服劣势因素，利用机会因素，化解威胁因素，运用综合分析方法，提炼出一系列有利于提高高职院校思想政治教育实效性的可供选择的对策。

（一）SO 对策

SO 对策就是抓住外部机会，发挥内在优势。目前，高职院校可以从以下两方面来进一步发挥其优势。一方面，加强网络在思想政治教育中的使用度。网络在高校思想政治教育中的运用已经有许多非常成功的案例，我们可以参考和借鉴这些学校成功的经验和模式。另一方面，减少思想政治教育者的抵制。在调查中我们发现，网络中杂乱的信息会给大学生的思想造成一定的负面影响，而运用网络开展思想政治教育会存在一定的政治风险，且会增加教育者的工作量，因此受到一些思想政治教育者不同程度的抵制。事实上，网络是一把双刃剑，正如爱因斯坦所说：“科学是一种强有力的工具。怎么用它，究竟是给人类带来幸福还是带来灾难，全取决于自己，而不取决于工具。”因此，教育者应该转变观念，利用好网络这一新载体。当然，学校也可以通过量化思想政治教育者工作量、进行优秀网络思想政治教育者评比活动等措施，鼓励思想政治教育者运用这个平台开展工作。

（二）ST 对策

ST 对策就是利用优势回避、削弱甚至消除不利因素的影响。马克思曾深刻指出：“道德的基础是人类精神的自律。”面对网络环境下思想政治

教育的去权威性、去中心化、不可控性的特点，教育者应将社会规范和原则内化为受教育者内心的信念，强调主体自律。为实现内化，教育者可以从三个方面着手。第一，引导与管理相结合，加强思想政治教育内容的导向性。在网络德育网站，思想政治教育者要坚持以马列主义、毛泽东思想和中国特色社会主义理论体系为指导思想，传播社会主义主导意识形态，营造以社会主义精神文明为核心价值的多元网络文化。加强对虚拟空间的信息监管，对不良信息进行及时删除、关闭。第二，传统与现代相结合，实现思想政治教育方式的多样化。在网络环境下，仅仅依靠传统的思想政治教育方式已经很不适宜。思想政治教育者必须从新的视角审视高职学生的变化和需求，将思想政治教育与现代科技相结合，充分利用虚拟空间信息传播的优势，除了继续发挥面对面的教育方式的优点外，还需大力开发新型的、多样化的虚拟空间教育方式。第三，线上与线下相结合，加强思想政治教育时空的延续性。在网络虚拟空间发现的问题，思想政治教育者可以继续在现实生活中进行学生思想动态的追踪和再教育，直至问题解决。

（三）WO 对策

WO 对策就是利用外部机会弥补和改善内部条件的不足，可以从以下三方面着手：一是加强人力资源的开发，提高执行力。增强思想政治教育者的人员配备，吸收优秀学生加入网络思想政治教育队伍。思想政治教育者不仅要有扎实的政治理论素养和专业素养，还必须掌握广泛的网络知识，熟悉网络技术，承担网络虚拟社区的监控和管理任务。因此，对思想政治教育者的培养要“两手抓、两手都要硬”，使其利用网络虚拟空间进行思想政治教育能游刃有余。二是激发学生的积极性，提高参与度。思想政治教育要想取得实效，必须激发学生积极加入到网络虚拟空间的话题讨论中，以便于真正及时了解和掌握学生的思想动态。三是加强德育网站的建设，提高其生命力。高职院校要打造有影响力的德育网站，加强德育网站的德育资源建设，资源内容必须不断更新，贴近生活、贴近学生、贴近社会；资源形式要根据网络技术的发展而不断升级，这样才能吸引学生的眼球。

（四）WT 对策

WT 对策就是通过克服劣势化解威胁，寻求突破，应对不利因素的影响,可以从以下方面着手：一是国家积极倡导社会主义核心价值观教育。对于宣扬极端个人主义、享乐主义、拜金主义等思潮的个人或团体，国家应该依法严厉打击，净化社会风气，为高职院校的思想政治教育提供良好的社会环境。二是加强专业课教师的德育功能。针对目前高职学生注重专业课程学习的特点，我们可以充分发挥专业课教师的思想政治教育职能，力争实现专业知识和思想政治教育内容的有机结合。三是在计算机基础课程中加强网络道德教育。目前，世界上不少国家推行网络信息技术教育课程计划，利用信息技术教育课加强学生信息技术的伦理道德建设，美国、英国、日本、新加坡等国家走在了前面。我们完全可以借鉴这些国家的经验，在计算机基础课程中开展网络道德教育。

参考文献

[1] 尼葛洛庞帝. 数字化生存[M]. 胡泳，范海燕，译. 北京：电子工业出版社，2017.

[2] 马克思，恩格斯《马克思恩格斯全集》第一卷[M]. 中共中央马克思，恩格斯列宁斯大林著作编译局，编译. 北京：人民出版社，1995.

空间课程构建篇

第一章

构建高职思想政治理论课空间资源课程

空间资源课程是互联网云平台空间在教育教学中得到广泛应用后形成的一种新视角的资源课程。空间资源课程应该具有三个特征：其一是课程内容与具体工作相结合，其二是课程能够利用网络互联功能将教学资源整合成应用模块，其三是课程资源实现最小化以便于及时更新。我们可以简单地将其归结为三部分：收集什么资源、如何整合资源、怎样使用资源。长沙民政学院在2010年9月开始运用云平台进行空间教学，截至2012年3月底，学院教师上传空间资源250万个，建立空间资源课程900多门，掀起了“空间教学革命”。现在这股革命浪潮已波及全国，高职思想政治理论课如何顺应潮流，发挥它的德育功能，成为一个重要的议题。文中结合长沙民政学院空间教学和空间资源课程建设实践，进行经验总结，以期能够为国内其他院校在空间资源课程的建设和实施方面的研究提供参考和借鉴。

一、构建高职思想政治理论课空间资源课程的必要性

（一）适应教育手段信息化的需要

《国家中长期教育改革和发展规划纲要（2010—2020年）》（简称《规划

纲要》)强调:“信息技术对教育发展具有革命性影响,必须予以高度重视,把教育信息化纳入国家信息化发展整体战略,超前部署教育信息网络,促进教育内容、教学手段和方法现代化。”湖南省教育厅积极贯彻《规划纲要》精神,强化教育信息技术应用,在世界大学城开设了湖南职业教育网络学习平台,开展了一场旨在提高教师应用信息技术水平、更新教学观念、改进教学方法、提高教学效果,鼓励学生利用信息手段自主学习,增强其运用信息技术分析解决问题能力的教育信息化革命。在这场空间教学革命中如何紧跟形势,抓住信息化建设这一契机,改变思想政治理论课“重要但不受重视、必修但不必学”的尴尬处境,使思想政治理论课真正成为切合学生实际、符合学生喜好的课程,成为了一个紧迫议题。

(二)适应教育目标高职特色的需要

教育部 2006 年在《关于全面提高高等职业教育教学质量的若干意见》中指出:“高等职业教育作为高等教育发展中的一个类型,肩负着培养面向生产、建设、服务和管理第一线需要的高技能人才的使命。”这使得高职教育与本科教育、专科教育相比,有它独特的本质特征,即高职教育与行业企业的联系更加紧密、更贴近一线工作的实际。高职教育的这些本质特征要求高职教育是更加开放的教育、更加实用的教育。这也就要求高职教育的专业设置和课程设置要以市场需求为导向、以高职教育人才培养模式为切入点,带动专业调整与建设、引导课程设置,要“积极与行业企业合作开发课程,根据技术领域和职业岗位(群)的任职要求,参照相关的职业资格标准,改革课程体系和教学内容”。这就要求思想政治理论课必须按照时代对高职学生应具备的道德和法律素质的要求,着眼于学生职业素质和能力的提高,确立以服务社会为目标,以“修德励志、精艺博学”为理念,实现高职思想政治理论课从“知性教育”向“知行合一”的行动教学转变,配合专业教育,服务学生未来的人生发展。为了实现思想政治理论课这一德育主阵地和主渠道的作用,实现思想政治理论课的教学目的,在网络信息技术的发展下,高职思想政治理论课教学必须占据这一新载体,开发思想政治理论课空间资源课程体系、改革教学方法、启用新的效果评价机制。

(三)适应教育对象网民化的需要

所谓网民是指在个体自我意识、使用网络的态度、网络活动的特征上以及网络活动的行为效果上等表现出一定特点的使用者。根据中国互联网络信息中心(CNNIC)发布的《第31次中国互联网络发展状况统计报告》，截至2012年12月底，我国网民规模达5.64亿，互联网普及率为42.1%，网民的年龄集中在10—29岁之间。而在对长沙民政学院学生拥有电子设备及上网情况的问卷调查中我们发现，学生的手机普及率已经达到了100%，其中80%的学生实现了手机上网，40%的学生拥有自己的电脑，55%的学生选择课余时间在宿舍或者到网吧上网。这无疑都显示中国的大学生已经成为网民主体。因此，对于90后大学生的思政教育体系，我们同样需要一番伟大的创新探索，需要去完成一次彻底的区别于传统德育模式的转变。

二、构建高职思想政治理论课空间资源课程的思路

(一)构建高职思想政治理论课空间资源课程的原则

1.资源内容以学生需求为导向原则

思想政治理论课空间资源课程建设的目的最终是为了满足学生的学习。建构主义学习理论的基本观点认为，知识不是通过教师传授得到的，而是学习者在一定的情境即社会文化背景下，借助其他人(包括教师和学习伙伴)的帮助，利用必要的学习资料，通过建构意义的方式获得的。建构主义学习理论强调以学生为中心，认为“情境”“协作”“会话”和“意义建构”是学习的四大要素。因此，如果网络资源课程的建设内容、形式符合

学生的特征，满足学生的需要，那么学生与学习资源的相互作用就会产生更好的效果，也就提高了学习效果。因此，网络空间学习资源的设计和开发应该结合学生的特点，满足学生的需要。

2. 资源编排的有序性原则

根据学生需求建立起来的思想政治理论课空间学习资源应该是丰富而且易于获得的，因而如何有效地对网上庞大无序的资源进行管理就是非常重要的。如果资源管理不当，资源越丰富反而越杂乱无章，学生很难找到自己所需要的资源。因此，进行空间课程资源建设时，资源的编排一定要合理，既要花团锦簇，又要有规律可循。思想政治教育者可以根据教学规律对资源进行整理分类，建设各类资源库等。总之，教学资源不能杂乱无章，要根据一定的规律进行分门别类，让学生能够快速地对自己所需资源进行定位，而不至于迷路。

3. 资源形式的多样性原则

实验心理学家赤瑞特拉做了一个关于知识保持（记忆持久性）的实验。结果显示：人们一般能记住自己阅读内容的10%、听到内容的20%、看到内容的30%、听到和看到内容的50%、在反流过程中自己所说内容的70%。这说明多重感官同时感知的学习效果要优于单一感官感知的学习效果。因此空间学习资源建设绝非把书本资源进行电子化的搬家，思想政治理论课空间资源应该与网络信息技术相结合，彰显网络优势，实现多媒体化。资源形式不仅有静态的文字形式，还应有视频、图片、音频、网络直播平台等类型。而且静态的文字也可以通过数字加工技术，如flash、Ispring、阿里巴巴广告牌技术，转换为各种生动活泼的形式来吸引学生的眼球。

4. 资源更新的驱动性原则

目前，在传统的思想政治理论课程网站建设中，“一些教师认为一些有价值的文字、图片、音频和视频资料是自己辛辛苦苦寻觅收集，甚至研究得来的，不能放在网络上拱手让人”，这使得思想政治理论课网络课程资源在内容上先天不足。有些学校的思政网络课程建好后并未及时更新和维护，网络课程内容明显滞后于教材更新的速度和社会形势的发展，这就导致了学生利用网络进行思政课程学习的积极性不高、传统思政网络课程缺乏人气、点击率不高的情况出现。为了弥补这一缺陷，思想政治理论课空间资源建设必须加强资源更新的动力机制建设，发动教师和学生共建，从而实现资源共享。

5. 资源单元的最小化原则

传统的思想政治理论课网络课程建设的资源包含电子教案、电子课件、课程视频等，这些课件或者视频具有一定程度的整体性，内容要更新就必须“伤筋动骨”，大大增加了资源更新的难度。为了弥补这一缺陷，我们应该坚持资源单元的最小化原则。实际上，每个课件包含了很多要素，如知识点、案例。我们可以把课件作进一步分解，变成一个个概念、方法、原理、案例、项目等。当我们把这些细分后的资源作为课程建设的基本单元时，更新的成本就会明显降低。

6. 资源应用模块化原则

在互联网云平台空间教学背景下，思想政治理论课教师要能够非常方便地组织教育资源进行教学，不仅要快捷地调用教师自己的资源库课程资源，还要能够广泛地链接互联网上所有可以使用的教育资源，这就要求思想政治理论课教师在互联网云平台个人空间广泛收集各种教学资源。换言之，就是“应用模块化”，用一张表或一张图能够把一堂课或一个教学单元的教学资源整合在一起。

（二）高职思想政治理论课空间资源课程的内容构成

思想政治理论课因其学科性质、教学内容和教学目的的特殊性，要求高职思想政治理论课空间资源课程的内容建设应备有满足教育教学需求的基础资源库和拓展资源库。

1. 基础资源库

（1）标准库。主要有课程目标、课程地位、课程授课计划、课程考核等，使学生明确课程目标、内容、考试标准。

(2)概念库。介绍思想政治理论课最基本的概念。在思想政治概论课中最基本的概念如改革开放、爱国主义、政治多极化、经济全球化等，在思想政治基础课中的如学习、人际交往、爱情、友情等。

(3)原理库。集思想政治理论课中最具有普遍意义的基本理论。例如马克思主义中国化理论成果的发展实质等。

(4)案例库。主要是根据思想政治理论课所涉及的教学内容，收集、整理的经典案例，一般是法律案例、名人故事、重大事件背景、重要论述内容等。

(5)视频库。主要是与思想政治理论课教学相关的视频素材。视频素材包括教学录像、典型事例的纪录片、最新发生的社会热点问题等。

(6)表格化教案库。主要是指教师利用云平台空间进行思想政治理论课教学时，将每次授课的教学原理、基本概念、典型案例、视频资源等通过超链接技术，以表格的形式表现出来，使学生通过表格化教案，可以清楚地知道本次授课所讲的主要内容、重点难点等。

2. 拓展资源库

(1)自我测试。上传章节的习题、模拟试题、历年的考试试题等，检查学生的知识水平和能力水平。

(2)学习资料。上传与思想政治教育教学相关的学习资料，拓展学生的知识面。

(3)课程管理。主要设置课程进度、学生评价和建议反馈等栏目。

(4)实践平台。实践教学的公共展示平台，主要栏目设置包括社会调查、志愿服务、公益行动等。

(5)优秀学生展示平台。主要展示在校学生在平时参加比赛和教学中表现优秀的学生作品和作业，实现榜样激励和自我教育的功能。

三、构建高职思想政治理论课空间资源课程的具体实施步骤

(一) 解构——分析高职教育目标和学生实际问题

课程开发首先需要解决的问题就是职业教育应该选择什么样的内容。因此思想政治理论课空间资源课程建设首先要解决的就是教什么、学什么的问题，使课程资源建设具有明确的针对性。

那么如何进行解构确定教学内容呢？前面已经论述过，高职教育有其本质特色，对于高职院校专业课程要根据企业行业资格标准来确定教学内容。而对于高职院校的思想政治理论课势必根据企业行业所要求的职业素质能力与学生实际来确定教学内容，以配合专业课程的教育，实现高职教育目标。因此其教学内容绝不能是文字教材的简单搬家，而应该结合高职教育目标和学生实际，对教材内容进行解构，变教材体系为教学体系。在具体的实际操作中我们也是按照这样的思路来进行运作的。例如，我们在建设“思想道德修养与法律基础”空间资源课程时，通过企业调研了解企业行业所要求的职业素质与能力，把教材内容分为适应篇、思想篇、道德篇和法律篇 4 个篇章和 14 个专题进行教学，从而促进学生的知识、能力和素质水平的提高。

(二) 创作——收集和开发资源

在完成解构、确定教学内容之后，紧接着就是根据相应的知识、能力和素质要求收集和开发资源。资源的建设主要可以从以下三方面着手：第一是师生共建资源。在网络时代，“两课”教师不可能再如以往那样成为知识的“垄断者”或“代言人”，甚至有时教师知识信息的新颖度反而不及学生，因此我们可以发动学生收集资料，充实资源。例如长沙民政学院的思想政治理论课教师通过 ISAS 教学法、PBL 教学法等，把任务分配给学

生，实现资源师生共建。第二，同行分享资源。互联网云平台空间是一个广阔的、开放的空间，思想政治理论课教师可以通过用户、机构、文章等关键词进行搜索，通过对用户搜索确定成为自己的空间好友，并分类进行管理。关注好友动态，实现资源共享。当然，也可以针对性地选择好友分享自己发布的资源。第三教师自创资源。在互联网云平台空间，教师自创资源不是指对资源进行整合、设计，而是以新的形式出现，“教师可以通过屏幕照相、屏幕录像、手机摄像等方式制作各种教学资源，包括教师实际操作的视频、屏幕操作的视频，都可以上传空间作为新的教学资源”。

(三)重构——整合资源

在收集和开发完资源之后，紧接就要对资源进行整理和聚合，整合不同的资源构成一门课程，使学生能够按照学习任务和要求，便利地打开资源并在不同的资源间进行切换，便于学生进行学习。为此，我们在整合资源时要做到以下三个方面：第一，资源“碎片化”。这是一个信息碎片化的时代，因此，教师在上传资源时可以根据课程特点设置概念库、原理库、方法库、案例库、自测试题库等等，并采用图表、文档、视频等方式将最小单元课程资源上传空间分门别类入库存放。第二，知识“模块化”。教师应该根据学生的认知规律重构学习过程，也就是把解构出来的知识、对象、条件、环境等要素资源和教学辅助资源划归到相应的单元或模块之中。第三，教学“表格化”。运用超链接技术，将教学单元的课程教学内容全部集中在表格化教案中。表格化教案的特点是整个教学过程一目了然，并通过超链接的方式将下一步要学习的内容随时调出来使用，具有逻辑严密、简单直观的特点。

(四)实施和反思——师生在课堂内外开展教学活动

空间资源课程建设是为教学服务的。在解构重构的基础上，我们在课堂内外广泛开展思想政治理论课教学和思想交流。在有形的教室课堂内，思想政治理论课教师打开云平台个人空间，灵活调取自己收集的资源进行教学。在无形的网络空间，思想政治理论课教师与学生通过留言、评论、私信、课程交流群组等方式广泛地开展交流，使教师对学生的思想动态有更清楚的认识，对教学要求有更多的了解，及时根据学生的反馈信息，开发新的课程资源，进行新的教学设计。

四、构建思想政治理论课空间资源课程的初步成效

长沙民政学院非常注重空间资源课程建设和评价，出台了空间资源课程建设评价细则（表1）。通过在全院开展空间资源课程比赛和每周个人空间检查（表2），形成了空间资源课程的终结性评价和发展性评价相结合的评价方式。在这种背景下，学院的思想政治理论课空间资源课程初显成效，主要表现在如下四个方面。

表1　空间资源课程建设评价细则

指标	建设标准	分值
课程标准	课程定位准确；按行业企业标准解构重构课程内容；课程实施操作性强；实训项目符合课程要求；根据课程目标及应用型人才培养要求选取学习内容、开发学习资源；以学生为中心设计学习活动；合理运用多种学习评价方式	10
课程导航	链接课程教学的主要栏目，既是课程内容展示的导航，也是学生学习课程的导航，版面清晰，美观实用。	10
课程建设任务书	准确、恰当地对岗位工作任务和实际生活要素进行解构，明确职业岗位所需的知识、能力、素质；解构创新。	10

续上表

指标	建设标准	分值
课程资源	按照任务书要求建设课程资源，数量和类型满足教学需要；课程资源美观实用，方便课堂教学和学生课后学习；课程资源做到了最小化，即一个概念一个资源，一个(组)案例一个资源，便于灵活组合，及时更新；课程资源分门别类整合在不同的资源库中，至少应有概念库、方法库、原理库、案例库，根据课程教学需要或学生课后学习需要灵活设置其他教学资源库。	30
表格化教案	根据课堂教学实施需要，每个教学单元应有一个表格教案，能完整反映一个单元教学任务并链接必须的课程资源，美观实用，学生经常访问。	20
教学互动	在教学过程中，要采取多种形式与学生进行互动，互动能切实解决问题，能真正拉近师生之间的距离，体现平等、尊重、民主的师生关系。	10
教学创新	从更好地服务学生学习的需要出发，在课程建设理念、设计、内容、方法、手段、评价、师生互动等一个或几个方面有所创新，特色明显、效果显著。	10

表2　个人空间检查表

检查内容	个人动态		文章		访客		微博		视频		留言		回复留言是否及时
教师姓名	开始总量	增量	开始总量	增量	开始总量	增量	开始总量	增量	开始总量	增量	开始总量	增量	

（一）资源不断更新，学生点击率提高了

传统的网络思政课程一般只重建设不重维护，没有及时进行课程内容的更新，这些网络思政课程网站少有学生光顾。在互联网云平台空间中，思想政治理论课教师运用互联网信息技术，对空间资源课程内容进行时时更新，链接网上最新的新闻、图片、视频，并且把自己上传的资源用Flash格式、Ispring格式等动态的形式上传，提高了资源的点击率，空间人气比较高。对于学习自觉的同学来说，课前浏览老师空间已经成为他们的学习习惯，空间资源点击率明显提高。

（二）教学交流便捷，学生参与率提高了

在互联网云平台空间，思想政治理论课师生互动的形式得到了拓展——除了传统的课堂答疑、课外辅导之外，留言评论、群组交流、发送私信成为更主流的互动形式；时间得到了延伸——学生可以随时访问教师的空间，表达自己的观点，留下自己的感想；空间得到了跨越——与教师进行交流的过程中不存在座位的优劣，每个学生都处于最前排。学生积极参与评论和交流，师生互动空前高涨，学生参与率明显得到了提升。同时互动不局限于一个班级，也不再局限于自己任课的思想政治理论课教师，课堂变大了。

（三）考核透明公正，学生优秀率提高了

在互联网云平台空间，思想政治理论课教师会把对学生所要掌握的知识、能力、素质、作业和考试要求都发表在自己的空间。同时，教师对学生的出勤情况统计、学生的作业批阅等，都是在空间完成的，任课教师也会把学生的考勤结果和作业等级通过课程下的课程管理栏目进行公示。这一切都是公开透明的，大家都可以查询。这给了学生一定的学习压力，但压力也是动力，在一定程度上激发了学生的学习积极性，学生成绩优秀率也随之提高了。

(四)教师角色多元，学生满意率提高了

在互联网云平台空间下，思想政治理论课教师应该是空间资源的开发者和使用者、学生获取资源的导航者、学生自主学习的指导者、知识重构的指引者、学生学习的监督者。为了胜任多重角色、成功实现转型，思想政治理论课教师必须更加努力提高自己的修为、素养，掌握扎实的专业知识和计算机技术，用于互联网云平台空间教学。教师在这个过程中也变得更加自信和优秀。这样的老师让学生收获多了，学生对思想政治理论课教师的评价也提高了。根据学校教务系统的数据显示，2012 年学生对思想政治理论课教师的评价最高分是9.72，最低分为9.40。在此次调查中，我们发现学生对思想政治理论课教学效果是比较满意的。

总而言之，空间教学是教学中的一场变革。在这场变革中，思想政治理论课教师成长了，学生受益了，思想政治理论课教学取得了一定的成效。但在实践中，我们还会遇到很多的挑战，需要我们继续努力，充分利用大学城这个空间，搞好教学，从而更好地发挥思想政治理论课的德育功能，促进社会的和谐。

参考文献

[1] 管声交. 关于空间网络课程资源建设的思考[EB/OL]. http：//www. worlduc. com/blog2012. aspx？ bid = 10854273.

[2] 刘洪宇. 教学空间在教育、教学和管理中的运用[EB/OL]. http：//www. worlduc. com/blog2012. aspx？ bid = 4509674.

[3] 刘洪宇. 空间革命——高职院校开放发展的新起点[J]. 长沙民政职业技术学院学报，2011(1).

[4] 郑傲. 网络互动中的网民自我意识研究 [M]. 成都：电子科技大学出版社，2009.

[5] 李秀娟，唐召云. 传统思政教学向空间教学转变的动力机制分析 [J]. 长沙民政学院学报，2012(6).

[6] 杨亚萍，李坡. 90 后大学生群体特征剖析及思想政治教育途径探索[J]. 法制与社会，2010(1).

[7] 姜大源. 当代德国职业教育主流教学思想研究：理论、实践与创新[M]. 北京：清华大学出

版社，2007.

[8] 何伟."思想道德修养与法律基础"课网络课程建设研究[J].广西教育学院学报，2013(1).

[9] 姜大源.世界职业教育课程改革的基本走势及其启示———职业教育课程开发漫谈[J].中国职业技术教育，2008(27).

[10] 许传红.高校思想政治理论课教师权威消解与建构[J].学校党建与思想教育，2012(8).

[11] 刘洪宇.如何更好地建设空间课程资源[EB/OL].[2011 - 05 - 15] http：//www.worlduc.com /blog.aspx？bid = 495926.

第二章

基于世界大学城的高职院校隐性德育课程资源构建

当今，信息网络化对当代大学生的价值观念、价值选择、行为方式产生极大的影响，给传统德育带来新的挑战，同时也为德育工作带来新的机遇。与传统媒介等载体形式相比，世界大学城的个体性与交互性等特点，增强了师生交流的互动性，学生与教师、机构在线上更易产生隐性德育信息的对接和互动；世界大学城的无限性与即时性等特点，给高职院校隐性德育课程资源的建设提供了丰富的信息共享渠道，从而扩展了德育工作的覆盖面。

一、世界大学城空间的特点

云计算是一种大规模的分布式计算模式，是把网络中的大量计算机组成一个虚拟的资源池，共享资源和服务。世界大学城 www. worlduc. com，即“世界大学城网络平台”，是“基于云计算以用户空间为基础的资源共享型网络服务平台”。它是综合了远程教学、网络办公、即时通信、全民媒体、个性化数字图书馆等功能的一座既虚拟又真实的大学社区平台，是以个人空间为基础，基于实名的、开放的网络学习互动交流平台。结合隐性德育课程资源的建设需要，其功能特点归纳如下：

（一）空间实名注册——实现德育主体跟踪确认

世界大学城空间实行试用实名制，由空间账户管理员向申请高校统一发布个人注册账号，相当于实名登记，这样方便跟踪管理，及时为用户提供一对一的使用服务。实名注册对于德育资源共享主体来说，最大的益处在于尽可能减弱由于德育主体不固定、难辨识所带来的教育过程不稳定、不确定等问题。注册师生可以在世界大学城范围内开展实名互动、实名共享，从形式上确认了隐性德育资源课程的主体和受众。

（二）信息海量存储——实现德育资源分类汇集

世界大学城依据云计算的支持，使用户所需的相关程序并不需要运行在个人电脑、手机等终端设备之上，而是运行在互联网的大规模服务器集群中，这样就保证了足够强大的计算能力和足够大的存储空间来供用户使用。海量存储是分类汇集的基础，世界大学城能够海量存储隐性德育课程资源。主要表现为：学生获取账户后便可通过世界大学城首页进入独立的专属空间，服务项目在首页展示，依次为“我的空间主页”“我的管理空间”“我的学习空间”“帮助中心”等；师生可以进入“我的管理空间”之“栏目设置”，设立专题名称，分层设一级、二级栏目，相当于一个个分门别类、个性化的“资源抽屉”，可以随时收纳和提取资源，这些资源可以是文字、视频、图片等载体。

（三）信息超强兼容——实现德育资源碎片化

隐性德育资源课程碎片化的意义在于从微观视角提升德育资源的可吸收性，隐性德育课程资源的解构、重构、打碎要始终围绕德育目标和主体的需求。世界大学城的信息超强兼容功能为师生展示了广阔的资源蓝图，打破了格式、应用、匹配上的局限，极大地满足了受众的心理需求和发布者的使用习惯。世界大学城空间可以进行多媒体文件、锚点、邮件、图像、文本、网页、网站等链接，兼容性极强，空间兼容对象包括：

Microsoft Word、Microsoft PowerPoint、Flash Object、PDF、PEG、PNG、JPG、JPEG、AVI、RM、FLV等文本以及图片、视频材料等。

（四）即时动态互动——实现德育资源有效内化

世界大学城较单一网站的优势在于，具有各类互动功能，建有“居民留言”“居民评论”等板块，还设有“个人动态”“世界大学城动态”“教学苑”等个人及群组互动功能，并提供在线交流。交流互动的过程实质就是认知转化、思想融合、知识借鉴的过程，世界大学城在隐性德育课程资源应用中能较好地实现资源由“死”到“活”，由“外”到“内”的转化。此外，将资源用起来，互动起来，进行信息对接，也是资源动态集成的一种方式。

二、基于世界大学城的高职隐性德育课程内容设置

隐性德育课程资源是学校以内隐的方式使学生获得思想道德方面教育的内容和因素的总和，以及学生在潜移默化中习得思想、道德、行为规范等的过程，它不是学科意义上的课程资源，主要是学校环境和精神“动力场”所构成的教育资源，包括制度、文化、环境等。世界大学城正契合隐性德育课程资源“内隐性”“全天候”“随时随地”等特点，从学校视角、岗位视角、生活视角等方面为高职隐性德育课程内容的设置提供了新的契机。通过长期的调研、分析和总结，笔者认为以世界大学城为载体的高职隐性德育课程内容模块可设置学校德育、岗位德育、生活德育三块（表3）。

（一）学校德育

我国有学者把隐性德育课程概括为“学校环境中以间接、内隐的方式呈现的课程”，这表明隐性课程较显性课程最大的优势在于避免空洞的灌输和说教，将大量生动、新鲜的教育内容融入到适当的载体当中，学校通过良好的舆论引导、文化宣传、氛围营造、平台支持来拓展学校德育内容。世界大学城结合学校实体，参考学生对网络媒介的使用习惯和兴趣需求，

在网络功能上释放出纯正的学校网络文化吸引力，使学校德育活动在线上有了更合适的载体；学校依托世界大学城，挖掘学生喜闻乐见、利于吸收、引领主流的隐性德育课程资源，如世界大学城首页中建立的“高校论坛”“全国教育云平台”“学校教育优秀专有云平台”等项目，彰显先进的校园文化，树立特色品牌，从而推动了学校价值观和育人理念的传播。

（二）岗位德育

高职教育所培养的人才不仅要具有生产、管理、服务一线的知识和技能，更需要具备全面和可持续发展的品德内核。高职教育面向社会需求，人才培养面向岗位需求，因此岗位德育必然成为高职隐性德育课程资源建设的重要内容。岗位德育与专业教育、社会实践相结合，通过职业素养和职业道德的塑造使学生获得真实的“职业角色体验”。职业感、专业感的提升除了专业实训室的实践操作，还可以通过世界大学城营造模拟操作和仿真实训的环境。学校联合企业在世界大学城建立实训与德育实践“双基地”，通过课题研究、职业规划设计、撰写实践报告等分享活动，以及“模拟实训”“创业设计”“导师面对面”“企业文化角”等一系列岗位德育活动，将职业体验内化为职业认知和职业情感，从而激发职业德行。

（三）生活德育

对于大学生而言，“生活德育”是常态化的，学生在生活中成长，在生活中领悟，生活中习得的道理更为直接、更能指引人生。当学校从全面发展的角度，开展以生活为载体的思想政治教育活动时，德育元素就渗入校园文化生活中，引导着学生们对生活真、善、美的追求。世界大学城在高职院校隐性德育课程内容的设置上，通过空间资源点、线、面的集成和配合，能扩展生活德育资源的覆盖面。从时间上讲，资源涵盖大学阶段及毕业后整个职业规划和人生阶段，只要世界大学城在运转，用户在使用，心灵成长记录就不会断裂；从空间上讲，文学、艺术、哲学、心理等通识资源可以不限量、不限类上传集成。

表3 基于世界大学城的高职院校隐性德育课程构建

内容设置	资源集成	内容导向	主要实现途径
学校德育	网络—环境层面	价值观念	空间资源展示
	管理—制度层面	道德规范	空间资源展示、反馈评价
岗位德育	职业—情境层面	职业道德	空间资源展示，群组互动
生活德育	文化—心理层面	综合素养	空间资源展示、群组互动、一对一互动
	主体—互动层面		

三、基于世界大学城的高职隐性德育课程资源集成

在现代课程论研究中，隐性课程是指学生在学习环境(物质环境、社会环境和文化体系)中所学习到的、具有发展功能的非预测或非计划的知识、价值观念、规范和态度。隐性课程和德育有着必然联系，大学隐性课程的德育价值主要体现在对大学生道德认识的引导、道德情感的陶冶、道德意志的培养和道德行为的调控上。隐性课程在学校情景中以间接、内隐的方式呈现。综合学校德育、岗位德育、生活德育三个维度的课程内容，以世界大学城为载体实现高职隐性德育课程资源集成，可从以下方面着手。

(一)网络——环境层面

网络的出现正成为高速信息化时代的特征，互联网思维、云计算技术，正在改变着我们的生活方式、学习方式和工作方式，因此，世界大学城从网络环境层面为隐性德育课程资源的开发提供了新的渠道。在世界大学城进行隐性德育课程资源的开发，主要是以云计算为基础对具体德育隐性教育内容进行分类加工，赋予其一定的时间、空间、内容、形式等必备条件，使之内隐一定的社会主导价值取向。具体的做法包括两方面：一是根据世界大学城的用户主体进行分层设计，第一层为以学校命名的一级

机构空间，第二层为以教育职能部门（合作企业或教育机构）命名的二级机构空间，第三层为以教师姓名命名的教师空间，第四层为以学生姓名命名的学生空间。以上四个层级的实名制用户在世界大学城构建了一个庞大的网络隐性德育课程资源环境，从而使世界大学城可以实现跨校、跨专业、跨行业延伸德育资源层。二是世界大学城中各层资源主体可以从“资源管理”“学习管理”“微博管理”“栏目管理”等资源模块及时上传德育资源，搭建静态资源环境；利用“人脉管理”“教学苑”“留言板”“在线交流”等功能实时互动交流，构建动态资源环境。在动中有静、静中有动、亦动亦静的环境中，网络虽是虚拟的，但接收德育课程教育的人并不是虚拟的，一对一、一对多、多对多的信息交流对学生的思想、道德、行为具有广泛的环境影响力。三是世界大学城超强的“装扮空间”功能，能够兼容各类文本格式，使机构用户和师生用户在“基础模块”“自定义模块”进行空间装扮、配色、布局，极大提升了世界大学城网络环境的吸引力，打造出融教育性与艺术性为一体的网络环境。

（二）管理——制度层面

要充分利用世界大学城功能进行隐性德育课程资源建设，还必须进行制度和管理上的设计和规范。制度本身就是一种重要的隐性德育课程资源，世界大学城较其他网络平台最大的优势在于其规范管理。一是学校与开发公司签订协议，坚决杜绝有害和不良信息的传播，对上传到个人微博的各类资源都设置了过滤功能，能有效保障网络信息安全。二是各高校出台校本化的《世界大学城空间资源建设指南》《世界大学城空间管理规范》《空间使用师生守则》等制度，制定出空间资源建设标准，规范各级用户的使用行为，从源头建立院系两级德育隐性课程建设管理机制，对课程进行总体设计，完善指标体系，并组织实施。三是学校为提高广大师生开发和建设空间资源的积极性，分阶段完善考核和评价机制，可定期举办院系两级的空间评比活动，设立激励项目，如学生空间建设奖学金、教师空间建设基金等。四是建立队伍管理机制，建立思政教师、专业教师、辅导员、学生管理人员进修培训机制，设立空间德育资源开发奖励，激发德育主体的工作积极性，充分挖掘德育主体本身作为高职德育隐性课程资源的内在价值。

（三）职业——情境层面

情景的营造和熏陶是隐性德育课程资源的天然氧吧。德性养成的最大动力来源于认知，认知的建立源于感受，而外部的灌输常常忽略受体内心的需求，只有隐性德育情景的营造能润物无声。目前，高职院校中有相当一部分学生存在职业目标不明确、职业理想模糊、道德责任感不强，纪律观念单薄等问题。要解决这些问题，仅仅通过一般的课堂学习是无法完全实现的。因此，高职德育所强调的职业理想、职业目标、劳动和纪律观念可通过职业情景的营造渗透到世界大学城空间资源的每一个角落，让学生进行体验式认知，满足岗位德育的需要。一是世界大学城中的“视频交流教室”“仿真大厅”可以运用于远程操作模拟和虚拟顶岗实习，学生在此过程中兼有“学生”和“员工”双重身份，既体验着职业角色，也感受着社会角色，从而获得一定的社会价值体验，职业意识和职业精神得到磨炼。二是世界大学城中“专递视频课堂”“视频直播课堂”“网络直播平台”为学生开展社会调研、学习实践提供了网络平台。显性德育课程是传授德育知识和德育技能的“知识性”课程，而隐性德育课程是体验、内化性的“实践性”课程，学生通过各种网络实践同样可以应用知识、开阔视野、了解国情，提升道德水平和思想境界。因此，世界大学城对高职隐性德育课程实践内容在空间和时间上的拓展是符合高职院校德育目标的。综合线上的职业情景体验，能较好提升高职学生的敬业精神、服务精神和岗位意识，培养良好的职业品格。

（四）文化——意识层面

学校购买世界大学城平台服务后需要进行不同程度的个性化处理，这种处理便是基于校园文化的植入和培育，最终将世界大学城搭建为多元、高效的校际交流平台。学校对学生的教育培养总是离不开校园文化环境的潜移默化，这种影响穿透心灵，直达意识，是学校的校训、规章制度、思想观念、价值体系、行为方式和道德准则等精神形态的文化力量的集中释放。一是世界大学城中的“校园媒体机构平台”“学生活动预约平台”“学生服务平台”“大师工作室”可以发挥学校的行为导向和文化引导作用，方便学生开展校内文化活动、宣传社团信息、服务日常生活，从而形成学校自我价值认同，加强学生的校园归属感。二是世界大学城各机构和师生可在自己的空间上传美文、撰写微博、分享心情，不仅能够疏导情绪，还能从知、情、意等方面锤炼人格，塑造品行。这种文化自觉正是隐性德育课程资源最主要的传播渠道。三是世界大学城中“班级群组”“专业群组”“年级群组”等以社群类型层层设立的群组模块，使学生自我德育、生活德育等有了更具认同感的文化社区环境。优良的“群风”是现实优良班风、系风、校风的基础，班级文化、专业文化通过感染、暗示、模仿、认同等心理机制逐步内化为学生个人的价值取向和精神追求。

（五）主体——互动层面

前面提到隐性德育课程资源的动态集成，实际上是世界大学城最具有吸引力的德育功能。首先，师生互动是教育过程最基本的一种关系，它直接作用于学生的心理层面，影响学生心理品质的形成，因此，隐性课程资源的设置要贴近学生的心理需求。他们所渴望的真、善、美是德育资源的内在吸引力，如何将内隐的价值观念、道德期待注入到学生的心灵，就需要架起一座往返互通的精神桥梁，这就是“师对生”，“生对师”，“生对生”之间交流互动的意义。如果说这种师生间的交流互动在实际生活中是有局限性的，那更内隐、更丰富、更多元的人际互动是可以在世界大学城中不受限完成的，如空间资源的更新和反馈、群组互动、一对一私聊互动等。其次，我们知道德育主体不是模糊概念，无非是教师和学生两种身份，我们一般能很直接地确认教师与学生这一层级的隐性德育课程互动关系，而往往忽略了学生与学生这一次级关系。按照米德所谓“互喻文化”的观点，同辈人之间互相学习对人们的影响更大。因此，世界大学城所具有的强大在线互动功能，结合实名制特点，使得隐性德育课程资源环境更纯粹、更便捷。

总之，云计算时代的到来已是不争的事实，以云计算技术为基础的世界大学城为高职院校隐性德育课程资源建设提供了强大的吸收和融合功能。通过内容整合、资源集成，以世界大学城为平台进行高职院校隐性德育课程资源的构建，是一次互联网时代高职院校德育资源整合的全新尝试，将极大丰富和创新高职隐性德育课程内容和实现途径。

参考文献

[1] 袁波. 云计算视角下的高校教学资源建设研究[J]. 计算机光盘软件与应用，2013，(21).

[2] 江山野. 简明国际教育百科全书[M]. 北京：教育科学出版社，1991.

[3] 叶琳琳. 高职院校思想政治教育隐性课程的构建[J]. 职业技术教育，2011(17).

[4] 张华. 课程与教学论[M]. 上海：上海教育出版社，2000.

[5] 沈贵鹏. 师生互动的隐性心理教育价值 [J]. 当代教育论坛，2004(11).

[6] 庾为. 职业素质培养目标下的高校会展业隐性课程设计初探[J]. 当代教育论坛，2011(11).

[7] 冯海伦. 大学隐性课程的德育价值及实施原则 [J]. 当代教育论坛，2009(15).

第三章

以"五律"提高高校思想政治理论网络课程的"五力"

随着教育信息化进程的加快，结合现代教育信息技术产生的网络教学和网络课程已成为从时间与空间等多个维度变革传统课堂教学，提高人才培养质量的重要途径。高校思想政治理论课教师与时俱进，创设了精品课程、资源开放课、"微课"等思想政治理论网络课程。这些课程形式多样、名目繁多，其开设目的都在于让大学生接受思想政治理论课及其所传递的信息。但大学生对思想政治理论网络课程及其所传递的信息的接受，不是对一般科学知识的接受，而是对其所传递的价值准则、价值导向的接受。在认同率和实用性方面，这种接受与科学知识成果的接受相比，有更大的难度，因为它必然要涉及到人的心理层面，需要探讨影响人们政治思想品德背后的心理因素。鉴于此，遵循大学生网络受众接受的需要、认知、情感、意志和个性心理规律，建设高校思想政治理论网络课程显得尤为重要。

一、遵循需要驱动律，进行思想政治理论网络课程的整体设计，提高其吸引力

马克思认为，需要是人的本性。"任何人如果不同时为了自己的某种

需要和为了需要的器官做事，他就什么也不能做。”同时，需要也是人的思想活动的基本动力。可见，需要是受众接受行为产生的心理动力因素，它作用于受众思想接受活动的全过程：受众因需要而产生行为动机，唤醒接受注意，进而左右信息选择，接受信息，最终内化于心，外显于行。同时，所传递的思想信息越能贴近受众的内在需要，则越能产生传者与受众双方的心理共振，越能使受众形成良好的接受心理基础，这就是需要驱动规律。

需要是受众行为的动力源泉，自然也成为大学生进行网络课程学习的动力机制。他们对思想政治理论网络课程的形式、内容等都有所期待，希望满足自身求知、探究、自我实现的需要。因此，应当将他们的这一需要转化为学习思想政治理论网络课程的内驱力，做好课程整体设计，缓解学生的接受疲劳，从而提高其吸引力，确保大学生对其持久喜爱。

（一）做好形式创新设计，缓解大学生生理性接受疲劳

目前，部分高校建设的思想政治理论网络课程的访问量少、点击率低。这固然与学生对思想政治理论课不重视有关，但也与其固定的模式、呆板的风格等不能满足学生多样化、个性化需求有关联。因此，应运用教育信息技术，使其尽可能多的以视频、音频、图片、文字相结合的形式呈现，从而缓解大学生生理感官接受疲劳。

（二）做好课程内容设计，缓解学生精神性接受疲劳

长期以来思想政治理论课在内容选择上强调适应国家需求，但对满足大学生个体需求不足，部分大学生认为思想政治理论课于己无用或价值不大，从而产生了精神性接受疲劳。因此，在思想政治理论网络课程内容设计上应找准将国家需求与大学生个体需求统一起来的契合点，选择与大学生切身利益相关的现实话题、典型案例等，以激发其学习热情和积极性。

(三)做好课程活动设计，缓解学生从众性接受疲劳

所谓从众性接受疲劳是指大学生受众在群体影响下产生的接受疲劳现象。从众现象在网络环境中尤为显著。因此，应在网络空间开展话题讨论，组织学生协作学习、进行学习成果展示，提高学生的参与度，满足学生自我价值实现的需要。这无疑有利于避免消极从众现象的蔓延，调动大学生学习的积极情绪。

二、遵循认知协调律，进行思想政治理论网络课程的资源建构，提高其引导力

认知是受众对外界事物进行信息加工的过程。它是一个非常复杂的心理过程，它从感觉开始，通过感觉受众对接受内容形成第一印象，进而进行信息加工，形成经验体系，并形成记忆保留在头脑中，成为已知结构。最后通过思维和想象，获得新知识，形成新的认知结构。受众认知具有追求一致性的倾向，当受众接触到不协调的信息时，就会产生失调。“失调产生心理上的不适感，会促使人们减少失调，达到协调”。有学者提出，减少失调的方法有三：一是强调某一认知元素的重要性；二是改变认知元素；三是增加新的认知元素。在任何一种减少失调的方法中，要想提高受众对某一认知元素的接受效果，就要注意各认知心理因素作用的方向与接受的内容和目标保持一致性。唯有如此，才能取得良好的接受效果。相反，若认知心理因素作用的方向与接受的内容和目标背道而驰，受众就会表现出强烈的抵制。这就是认知协调律。

网络社会是一个开放的社会，各色信息充斥其中，特别是一些“毁三观”的信息，以其所谓的标新立异、“消解神圣”能够轻易吸引大学生的眼球。思想政治理论网络课程要想在网络中占有一席之地，发挥其思想引领、价值引导作用，而不至于让学生产生逆反心理，必须充分调动大学生受众的感觉、知觉、思维等认知心理因素，使其作用的方向与课程所要传

播的内容和目标保持一致，从而使同化和顺应得以发生。具体而言，在进行思想政治理论网络课程资源建设时必须把握好以下几个方面：

（一）注意思想政治理论网络课程资源更新的常态化，便于学生获取

目前，网络信息非常丰富，许多新闻网站为了吸引受众眼球，对时间的争夺往往成为其增强生命力的关键。思想政治理论网络课程要能吸引学生眼球，也必须注意时常更新，抢占先机。把握学生最新的思想动态、最新的国内外局势、最新的理论发展趋势，建设思想政治理论网络课程信息资源，供学生学习。

（二）注意思想政治理论网络课程资源单元的联接化，便于学生记忆

记忆是人脑对经历过的事物的反映，是人类思维得以进行的重要原因。从外界输入的信息能被储存下来与个人的记忆能力有关联，与新旧信息间的关联也有莫大的关系。奥苏贝尔指出，当新知识与原有认知结构合理地联系起来，有意义的学习便发生了。因此，在构建思想政治理论网络课程资源，增加新的认知元素时，需要把新知与已有的认知结构联接起来。

（三）注意思想政治理论网络课程资源排列的有序化，便于学生理解

进行网络空间课程资源建设时，资源的编排一定要合理、有序，有规律可循。具体而言，思想政治教育者可以根据教学规律对资源进行分类整理、归纳到各个资源库。这样才有利于受众在感性认识的基础上，透过现象看到本质，形成科学认识，掌握运用马克思主义观点认识问题、分析问题的基本方法。

三、遵循情感怡情律，进行思想政治理论网络课程情境的营造，提高其感染力

情感，是人们根据某种价值标准去评判某种事物时所产生的情绪体验。情感在受众接受心理中不可或缺：第一，情感与认知相互影响、相互促进。正如列宁指出的：没有“人的情感”，就从来没有也不可能有对真理的追求。第二，情感与记忆相辅相成。情感可以缓解遗忘，增强记忆，而且可确认的语义结构或标签可通过情感关联重新获得记忆。第三，情感引发动机。情感有积极和消极之分，积极情感会产生积极的行为动机，反之则产生消极的逃避动机。因此，应陶冶大学生的情操，激发其情感，内化主流意识形态，从而实现思想政治教育目的。而所谓情感怡情律就是思想政治理论课教师在找准大学生的兴趣点后，适当创造情景条件，打造师生之间、生生之间相互吸引、相互激励、心理互容，感情共鸣，思维共振的思想政治教育信息通畅流动的“心理场”，最终达到“情通而理达”的理想效果。

情感作为一种情绪的体验，离不开一定的情境。情境是一个人在进行某种活动时所处的社会环境，是人的社会行为产生的具体条件，包括机体本身和外界环境有关因素。所谓思想政治教育情境，指为思想政治教育活动的开展而创设的具体情景。它是一种内在心理的体验、气氛和人际互动。高校在建设思想政治理论网络课程时，主要通过打造问题情境、活动情境等，实现师生间、生生间交互，在潜移默化中给人愉快的情感体验，提高其感染力。

（一）打造问题情境，以理育情

问题情境是指利用或制造课程内容与大学生认知心理中的“不协调”，把其引入一种与问题有关的学习情境中。问题情境中的问题可以来源于教学中的重点难点、学生的思想疑点、社会中的热点。让学生带着问题主

动去探索和接受相关的思想信息，实现“不协调—探究—解决问题—协调”过程。

（二）打造资源情境，以景育情

为了使为学生设计的问题朝预期的目标发展，思想政治理论网络课程应为学生提供问题解决所需要的资源情境。这些资源情境的类型有两种。一是真实的资源情境，即将真实录像转化格式，上传至网络中。这一般更容易激发学生情感，但因耗时、耗力、耗财等，并不常使用。二是模拟情境，即通过教育信息技术，制造声、图、文的虚拟情境，让学生产生身临其境的感觉。

（三）打造活动情境，以情育情

活动情境主要是指基于网络而进行师生、生生间的交互情境。大学生要形成对思想政治理论网络课程的真实情感，离不开师生间的情感交流。思想政治理论课教师可以通过网络课程中的在线答疑、热点探讨、心灵对话等栏目与学生进行情感交流，还可以通过 BBS、E－mail、QQ 等方式随时与学生在线交流，从而建立良好的师生关系，以情育情，提高接受的效果。

四、遵循意志能动受动律，进行思想政治理论网络课程管理制度的完善，提高其控制力

意志是个体自觉地确定目的，并根据目的调节支配自身的行动，克服困难，实现预定目标的心理过程。它常常表现为用理智、果断、坚定战胜欲望、犹豫、动摇，从而实现既定目标。因此，意志具有坚韧性、自制性等优良品质。

意志并不是某种神秘莫测的力量，意志过程包括两个阶段，即决定阶段和执行阶段。决定阶段是人的内部意识活动阶段，即“想的意志”，执行

阶段是人的外部意志行为，即“行的意志”。这两种形式的意志常常相伴发生，前者是后者的先导，后者体现前者。但这两者又有很大的差距，在一些情况下，个体的“设想”与实际的“实施”有着根本的不同。在决定阶段，个体意志往往不是被外在自然力所推动，而是被内在的作为表象的动机、认知、情感所推动，表现出一定的“意志自由”，表现为个体的能动性。但意志行为并不总是自觉自愿的，还受制度、规范的约束，在“他律”的情况下进行，这体现了意志的受动性。这就是意志形成和发生作用的规律。因此，受众接受心理既有个体的主观能动性，又受外界社会环境的制约。正如心理学家冯特所言：“由社会条件所施加的影响构成了一种决定意志的原因。”

在网络环境中，大学生是具有一定接受能力的网络受众。他们能自觉地确定接受信息，选择接受客体，并能主动调节接受活动，整合内化接受信息，外化为思想品德行为。但因为网络环境的复杂性，大学生受众的自律心理下降，容易放任心理膨胀，大学生“想的意志”难以形成“行的意志”，从而影响他们对思想信息的接受方向、深度及程度。因此，为了保证学生在线学习思想政治理论网络课程，除了依托大学生的学习自主性之外，还必须健全相应的管理制度来规范学生的行为。这些管理制度一方面要确保思想政治理论课教师能充分运用网络进行课程教学；另一方要建立学生思想政治理论课考核制度，确保学生进入网络进行学习。故其管理制度包括：第一，对思想政治理论课教师运用网络课程教学的日常检查制度，包括任课教师上传授课计划或教案、批阅学生作业、回答学生疑问等；第二，学生进入网络进行课程学习的日常管理制度，包括学生进入网络学习的次数、讨论发言的质量、协作学习的活跃度等登记考核。

五、遵循个性差异律，进行思想政治理论网络课程教学策略的选择，提高其辐射力

个性是指一个人独特的、稳定的和本质的心理倾向和心理特征的总

和。它往往表现为个体的气质、性格、能力等。受众会因气质类型的差异、性格的不同、能力的大小使接受的程度和深度有所不同，我们将其称为个性差异律。以气质为例，心理学把个体气质分为四种类型：胆汁质、多血质、黏液质和抑郁质。每一种气质类型的个体都有自己的特点，例如胆汁质者属于兴奋而热烈的类型，在接受中具有思维敏捷等优点。多血质者聪明好学，易于接受新事物，但容易转移注意力等。粘液质者自制力强，能长期稳定、踏实学习。抑郁质者敏感多疑、抗压能力不强，容易把自己封闭起来，不易接受新事物。

思想政治理论课教师在进行网络教学时，应仔细观察、掌握学生个性特征，针对不同受众个性心理特征，进行教学策略的选择，因材施教，从而提高其受众的范围。目前一些学者提出了基于网络课程的教学模式，值得借鉴：

(一)基于多元智能的个性化教学模式

这种教学模式是针对受众能力差异而提出的，其理论基础是美国心理学家加德纳提出的多元智能理论。加德纳认为智力是在某种社会和文化环境的价值标准下，个体用以解决自己遇到的真正难题或生产及创作出某种产品所需要的能力。每个人都具有“八种智能”并呈现出一定的个性特点。因此，在课程教学中应开展个性化教学模式。思想政治理论课教师应根据学生的智能发展情况，提供不同的课程切换界面，以完成学习任务。

(二)协作教学模式

协作教学模式是指在思想政治理论课教师的指导下，在网络通信工具的支持下，大学生突破时空限制，进行同伴互教、小组讨论等协作性学习。组建学习共同体是协作教学模式的前提和基础。思想政治理论课教师可通过观察把不同气质类型的大学生组合在一起，从而发挥各自的优势，共同完成任务、提高接受效果。在具体实践中，协作教学模式又可以细分为ISAS教学方式、PBL教学方式等。

（三）个体辅导教学模式

以上两种教学模式比较适合积极主动、性格外向的学生。还有一些学生，性格内向、不愿意把自己内心的思想矛盾暴露在外，容易形成闭锁心理。对这样的学生要实现思想的接受和转变，只能通过耐心、细致的个别辅导才能实现。因此，思想政治理论课教师要留意在课堂中发言不积极的学生，用暗示、激励的方法鼓励其打开心扉，参与到课堂中来。

总而言之，大学生接受思想政治理论网络课程是认识和实践的过程，也是复杂的心理活动过程。在接受心理中，需求、认知、情感等心理活动和心理个性既各自具有重要作用又相互影响、相互牵制。因此，思想政治理论网络课程建设诸环节中既要做到大学生网络受众的接受心理规律间的融会贯通，又要注意有所偏重。以道为本，以术为用，实现教育与信息技术的融合。

参考文献

［1］胡凯. 思想政治教育过程的心理规律初探［J］. 思想理论教育导刊，2005(3).

［2］杨芷英. 思想政治教育心理学研究综述［J］. 思想理论教育导刊，2007(11).

［3］马克思恩格斯全集第一卷［M］. 北京：人民出版社，1972.

［4］波果斯洛夫斯基. 普通心理学［M］. 魏庆安译. 北京：人民教育出版社，1979.

［5］胡凯. 现代思想政治教育心理研究［M］. 长沙：湖南人民出版社，2009.

［6］肖映胜，李策. 大学生思想政治理论课接受疲劳现象初探——基于688份调查问卷的实证分析［J］. 学校党建与思想教育，2011(1).

［7］Leon Festinger. A Theory of Cognitive Dissonance［M］. Peterson and company，1957.

［8］马欣川. 现代心理学理论流派［M］. 上海：华东师范大学出版社，2003：186.

［9］费斯廷格. 认知失调理论［M］. 郑全全译. 杭州：浙江教育出版社，1999.

［10］陈琦，刘儒德. 教育心理学［M］. 北京：高等教育出版社，2005.

［11］吴铎. 思想政治教育学［M］. 浙江：浙江教育出版社，2001.

［12］列宁全集(第25卷)［M］. 北京：人民出版社，1988.

第四章

微课资源建设在思想政治理论课程中的应用探析

《国家中长期教育改革和发展规划纲要(2010 - 2020)》提出:到2020年,基本建成覆盖城乡各级各类学校的教育信息化体系。伴随着教育信息化的迅猛发展和微时代的到来,微课、微课教学已经成为高校思想政治理论课教学研究与实践的一个热点问题。许多高校和思想政治理论课教育教学工作者已经进行了一些有益的探索。但人们的关注点却较少涉及微课资源建设这一关系到微课和微课教学成败的基础性课题。在这里,笔者将以“毛泽东思想和中国特色社会主义理论体系概论”(以下简称“概论”)课程第七章为例探讨微课、微课教学和微课资源建设的概念界定,探讨在“概论”课程第七章进行微课资源建设的可行性和基本思路。以期抛砖引玉,窥一斑而知全豹。

一、微课、微课教学、微课资源建设的概念界定

近几年来,教育界和学术界对于微课、微课教学的概念多有探讨,虽然不尽一致,但基本含义大同小异。微课是指按照新课程标准及教学实践要求,以教学视频为主要载体,反映教师在课堂教学过程中针对某个知识

点或教学环节而开展教与学活动的各种教学资源的组合。微课既可以是一个单独的教学视频，也可以是包含教学视频在内的由微课堂设计、微课件、微测试、微点评、微反馈等辅助内容组成的一个教学资源整体。微课教学简而言之即通过微课的形式进行教学。具体来说高校思想政治理论课微课教学是高校微课教学的重要组成部分，是通过微课的形式开展的教学活动。从微课和微课教学的概念分析中我们可以看出二者的联系与区别。二者的共同点在于它们都是为教学服务的信息化手段，都是各种教学资源的组合。在思想政治理论课教学活动中，教学是目的，微课是载体，微课为教学服务。这就是说，思想政治理论课微课教学是一种教学活动或教学过程，这种教学活动或教学过程通过微课的形式来呈现。微课和微课教学都是微时代的产物，它们之间的关系十分紧密，在日常生活中，我们常常把微课等同于微课教学。实际上微课和微课教学并不一样。二者的区别在于，微课是作为教学活动的一个部分和环节而存在，微课是就一个知识点或教学环节而细致设计开发的，而且是“可移动”数字化资源包。微课教学则是以微课为主要教学方式而进行的教学过程。

微课和微课教学的出现及应用顺应了思想政治理论课信息化教学改革的大方向，为解决传统思想政治理论课的弊端，提高思想政治理论课的实效性提供了十分有益的探索。那么，如何保证微课制作和微课教学的质量，达到预期的效果呢？这就涉及到微课资源建设问题。这一问题在以往的探讨中较少涉及，更没有人对微课资源建设下过定义。不过我们可以从微课和微课教学的概念界定中推导出微课资源建设的基本含义。笔者认为相比较于微课和微课教学，微课资源建设是更为基础性的概念。微课资源建设是为提供高质量的微课和微课教学而进行的服务于教学活动的各种教学资源的建设过程。微课资源建设要涵盖所选思想政治理论课教学内容的核心知识、典型事例、前沿专题等，资源类型包括微课视频、教学课件、教学素材、教辅资料、训练作业、测试试题、应用平台建设、微课制作、微课教学教师团队建设、微课建设保障条件建设等。显然，没有高质量的微课资源建设，就没有高质量的微课和微课教学。微课资源建设的目的是为了深入推进高校思想政治理论课信息化教学改革，充分发挥一线思想政治理论课优秀教师的引领作用，全面共享思想政治理论课教学资源建设的优秀成果，切实提高思想政治理论课教学实效性。当前已经有越来越多的高校和相关政府职能部门愈加重视微课资源建设工作。例如湖南省教育厅专门针对思想政治理论课微课资源建设工作下发了湘教通〔2016〕149 号文件，立项了一批高校思想政治理论课微课资源建设项目。

二、“概论”课第七章进行微课资源建设的可行性分析

改革开放是新时期最为鲜明的时代特征。从农村到城市、从经济领域到其他各个领域，全面改革的进程势不可挡地展开了；从沿海到沿江、沿边，从东部到中西部，对外开放的大门毅然决然地打开了。这场历史上从未有过的大改革大开放，极大地调动了亿万人民的积极性，使我国成功实现了从高度集中的计划经济体制到充满活力的社会主义市场经济体制、从封闭半封闭到全方位开放的伟大历史转折。今天，一个面向现代化、面向世界、面向未来的社会主义中国巍然屹立在世界东方。根据 2015 年版“概论课”教材的内容设置，第七章主要讲授中国特色社会主义理论体系中的“社会主义改革开放理论”。2015 年版“概论课”第七章共分为三小节：改革开放是发展中国特色社会主义的必由之路、全面深化改革、扩大对外开放。2015 年版“概论”课教材第七章将党和国家社会主义理论和实践的最新成果有机融入进来，成为最有时代气息，教学重点和难点也较多的一章。通过内容的整合和融入，逻辑结构更加合理，更加符合教材的体例，如果能在教学方法上有所创新，一定会取得较好的教学效果。

当代大学生基本上都是 95 后，这是在改革开放中成长起来的一代人。应该说他们对于社会主义改革开放是不陌生的，对于社会主义改革开放这一章的教学内容是感兴趣的。但必须指出的是他们对于改革开放的理解往往是表面化的，基于其成长经历和碎片化学习的特征，容易对改革开放做出非黑即白的感性判断。因此第七章的内容讲授，特别是重点和难点的

讲解就显得十分重要。可由于讲授课时有限，若依靠传统的教学模式和手段，对于相关问题的讲解很难达到良好的教学效果。但如果在教学中通过精心的微课资源建设将教学内容设计成系列微课，运用微课教学整合讲解，相信一定能有效提升学生对于“概论”课学习的主动性，以及对于社会主义改革开放理论的学习和理解。其实第七章的教学重点与难点都非常适合进行微课资源建设。通过微课资源建设，运用微课和微课教学模式要使学生深刻懂得为什么进行社会主义改革开放、为什么要全面深化改革、如何全面深化改革、为什么要扩大开放、如何扩大对外开放等。同时要通过微课资源建设、微课教学澄清一些理论误区并掌握改革开放中的前沿问题。例如如何认识改革开放的性质和方向、如何看待改革开放前后两个历史时期、如何理解“两个不能否定”等问题。在改革开放的新时期，为什么要进行供给侧改革、为什么要进行“一带一路”建设、为什么要设立亚投行等问题。

三、“概论”课第七章进行微课资源建设的基本思路

笔者所在的思想政治理论课教学团队今年成功申报了湖南省微课资源建设项目，在申报和建设项目的过程中厘清了“概论”课第七章微课资源建设的基本思路。

（一）确定建设目标任务

从建设目标来讲拟用1年时间初步建成第七章社会主义改革开放理论微课资源，微课资源包括微课视频、课件、教学素材、教辅资料、训练作业、测试试题等。微课资源依据课程标准，突出核心知识，紧扣前沿专题，解决重点难点，既适用于课堂教学，又方便学生自主学习，达到优质资源共享的目的。从建设任务来讲主要是：第一，以平台为支撑，建立开放共享的网络资源。教师将建设的资源上传，学生可以根据自己的个性需求，通过 Web 方式，浏览、查询、使用资源，可自主组织训练与测试，实现师

师、师生和生生之间的交流互动。第二，以课程标准为依据，建立微课资源库。组织建设队伍，共同设计和研发特色鲜明、质量高、效果好的微课视频、进阶练习等相互配套的数字化教育资源。第三，开展基于微课资源的空间思政教学。利用所建设的微课资源进行课堂教学，积极探索翻转课堂等新型教学组织形式的创新应用，并依托平台为校内外学习者提供在线辅导答疑、在线研讨、在线测试和成绩评定等。

（二）建设资源主题体系

改革开放是党在新的时代条件下带领全国各族人民进行的新的伟大革命，是社会主义制度的自我完善和发展。为了让学生更全面地理解改革开放是决定中国命运的关键抉择，提高对全面深化改革和扩大对外开放的认识，我们以教材为纲，根据学生思想特点和接受规律，进行知识解构，以改革开放的历史背景、理论依据和现实依据为切入点，以改革开放的性质、目标、方向、评判标准为重点，以全面深化改革、提高开放水平为难点，以改革开放的成果和“两个不能否定”为热点，重构教学体系（图2）。

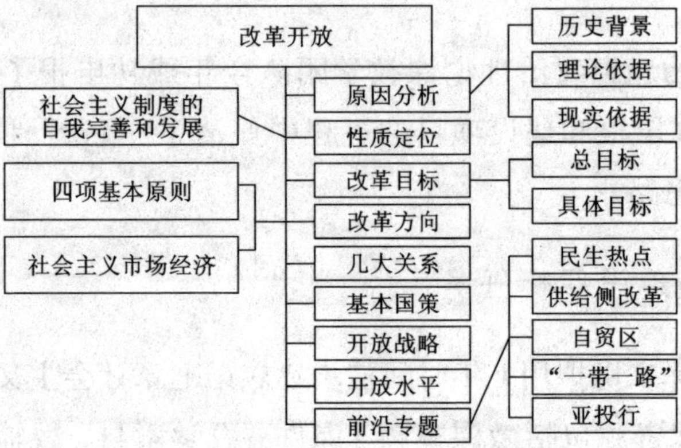

图2 改革开放资源体系逻辑结构图

社会主义改革开放理论的微课资源，拟建设30个微视频（表4），同时每个微视频配套建设微课件、微知识点、教学目标、学习方法、学习任务、辅助资源、进阶测试、互动交流等相关素材（表5）。

表 4　微视频建设一览表

序号	资源主题	微视频名称	微视频数量
1	决定当代中国命运的关键抉择	改革开放的历史背景	1
		改革开放的理论依据	1
		改革开放的现实依据	1
2	社会主义制度的自我完善和发展	改革开放的性质	1
3	全面深化改革的总目标	改革开放的目标	1
4	坚持改革的正确方向	坚持四项基本原则	1
		坚持社会主义市场经济改革方向	1
5	正确处理全面深化改革的重大关系	整体推进与重点突破的关系	1
		处理好顶层设计和摸着石头过河的关系	1
		改革、发展、稳定的关系	1
6	对外开放是一项基本国策	对外开放是一项基本国策	1
7	实施互利共赢的开放战略	实施互利共赢的开放战略	1
8	全面提高对外开放水平	全面提高对外开放水平	1
9	前沿专题	深化改革——民生问题	5
		深化改革——供给侧改革	1
		扩大开放—— 一带一路	1
		扩大开放——亚投行	1
		扩大开放——自贸区	1
10	热点探讨	两个不能否定	1
		改革开放的成果	6
		改革开放的深化	1
微视频总计			30

表 5 建设资源辅助内容构架

资源名称	具体内容
教学目标	对知识目标、能力目标、素质目标等进行简单介绍
学习任务	学生在学习微课时应掌握的知识点或达到的学习目标
学习方法	学习该微课应使用的学习方法和学习步骤
知识清单	概括每个微视频所涉及的主要知识点
微课课件	和微视频配套使用的微教学课件
进阶练习	每个微主题配套开发 1 套进阶测试题，用于检测学生对所学内容的掌握程度
其他资源	包括经典案例、经典影视、经典著作、经典文献、时事要闻等

（三）贯彻项目建设实施方案

1. 建设组织与管理、实施阶段和进度安排

成立项目建设小组，确定项目组长和具体项目负责人。团队成员分工合作，各司其责。实施阶段及进度安排见表 6：

表 6 项目实施计划

序号	建设内容	实施进度	负责人
1	制定建设方案	2016 年 4 月	
2	收集教学素材	2016 年 5 月 –2016 年 6 月	
3	整理知识清单	2016 年 7 月 –2016 年 8 月	
4	制作微课课件	2016 年 7 月 –2016 年 8 月	
5	建设核心资源	2016 年 5 月 –2017 年 2 月	
6	建设拓展资源	2016 年 5 月 –2017 年 2 月	
7	录制微课视频	2016 年 9 月 –2016 年 12 月	
8	建设进阶练习	2016 年 5 月 –2017 年 2 月	
9	总结与推广	2017 年 3 月 –2017 年 4 月	

2. 建设技术方案、难点解决办法

(1)建设技术方案。

建设技术方案成立项目团队，以唐召云为项目负责人，以我校信息化建设为基础，以"湖南微课网"为载体，设计微课建设方案；按照教学需求和微课建设标准，对第七章改革开放理论进行解构，厘清知识点；运用FLV、Flash、I－Spring等技术建设核心资源库和拓展资源。积极探索翻转课堂等新型教学组织形式进行资源的创新应用，提高教学的实效性；在本校实践的基础上，归纳总结经验，实施推广。

(2)难点及解决办法。

难点及解决办法针对微课设计中的理念，加强团队成员学习，提高对微课"短小精悍"特点的认识，根据课程内容和解构重构图来设计微课，使开发出来的微课时间合理、内容充实、重点突出、紧扣学生需要，使学生易学易懂；针对微课录制、剪辑中的技术难题，加大对团队成员的信息化技术培训力度，同时，聘用信息化技术专家，为微课录制、剪辑等提供技术支撑；针对微课应用中的可持续性发展难题，建设完善的激励机制，鼓励教师创新教学模式，实现翻转课堂，提高教学实效。

3. 项目建设保障措施

政策方面要成立专门的信息化建设领导小组，从人、财、物等方面给予全方位支持；经费方面学校层面要提供充足的项目建设经费，保证项目建设实施；条件保障方面要具备基本的微课资源建设基础。笔者所在的长沙民政学院具备完备的微课资源建设基础设施，拥有独享1000 M出口的第二代最新数字校园网，1000 M的校园主干网，有线网络信息接入点6000多个，无线接入点1000余个；教学区建有高密度无线覆盖教室65间，每间教室可同时满足50个学生在线学习，建有现代化交互式多媒体教室256间；图书馆二楼为全天候开放机房，有1800余个机位，为学校学生提供上网和上机服务；还拥有先进的专业微课资源建设录播室。

4. 建设成果应用

微课资源建设的服务对象及服务范围立足本校师生，面向湖南，辐射全国；由教育主管部门牵头，由各高校按照建设标准建设优质微课资源，并上传到相关网站，免费供高校师生使用，实现微课资源的共享与交换模式。高校师生实名注册，建设在线学习、在线辅导、师生答疑等栏目，实现同步交互、异步交互，及时反馈信息。

微课资源建成后，可全天候面向所有高校学生开放，扩大了受众面。学生可以“点单”自修，通过网络教学平台实现自主学习，针对自己感兴趣的课程和章节开展个性化学习。微课作为可再浏览资源，可以在课程结束后，让有需求的学生“回头看”。思政微课视频的设计中采用了图片、动画、音频、视频等呈现形式，吸引力强，微课教学内容可结合教材选用与社会热点、学生学习生活密切相关的内容，吸引力大，这样就激发了学生的学习积极性和主动性。微课资源建设是一项十分重要的基础性工作，关系到微课和微课教学的应用效果，能够有效提升思想政治理论课教学的实效性。

参考文献

[1] 胡铁生.“微课”：区域教育信息资源发展的新趋势[J]. 电化教育研究，2011(10).

[2]张志宏. 微课：一种新型的学习资源[J]. 中国教育技术装备，2013(20).

空间教法改革篇

第一章

基于云平台的高职思想政治理论课空间教学改革与探索

一、高职思想政治理论课空间教学改革的意义

(一)有利于进一步贯彻落实党和国家大力发展教育信息化战略部署

信息化的战略部署《国家中长期教育改革和发展规划纲要(2010－2020)》指出:“信息技术对教育发展具有革命性影响,必须予以高度重视,把教育信息化纳入国家信息化发展整体战略,超前部署教育信息网络,促进教育内容、教学手段和方法现代化。”为此,要完善教育信息基础设施建设,加强优质教育资源的开发与应用,提高教师的信息化技术水平。要加快高等职业院校数字校园建设,提高学校教学、管理、服务、技术应用和文化建设的信息化水平,实现专业教学资源、精品课程等优质教学资源的集成共享。毫无疑问,加快教育信息化进程,推进现代信息技术在高等职业院校教学与管理中的广泛应用,对提高教育教学质量具有十分重要的意义。高职思想政治理论课空间教学改革研究是对党和国家关于

大力发展教育信息化的战略部署的贯彻落实。

（二）有利于进一步促进高职院校思想政治理论课教学改革与创新

思想政治理论课是大学生的必修课，是大学生思想政治教育的主渠道。其主要任务是帮助学生树立科学的世界观、人生观、价值观，进一步坚定对社会主义的信念、对马克思主义的信仰、对改革开放和现代化建设的信心，确立对党和政府的信任。高职院校承担着为社会培养生产、建设、管理服务一线需要的，动手能力强，具有良好职业道德的高级应用型人才的重任。显然，我们要培养的学生不能只具有工具性的技术，更应该具有良好的思想政治素质和职业精神，只有这样才能成为合格的职业人和社会人。而要做到这一点，思想政治理论课的教学改革与创新就显得十分必要。随着社会的发展变化，素质教育成为教育发展的主流和基本方向。思想政治理论课在大学生的素质教育中有着重要的地位和作用。要全面提高大学生的素质，要使学生真听真学真信，高职思想政治理论课就必须贴近学生实际，想学生之所想，急学生之所急，勇于创新。长沙民政学院思想政治理论课实行空间教学改革后取得了可喜的成果。我们的主要做法是课程建在空间里、管理融入空间中、师生在空间进行互动、教学在空间进行延伸、思想政治工作进空间。空间教学互动重塑了师生关系、空间课程重构了学习模式、空间管理重建了学术信誉。通过空间教学改革，增强了思想政治理论课的实效性和针对性，学生更加自信、阳光和好学，学生学习由过去的“要我学”转变为“我要学”。客观地讲，当前高职院校生源素质总体来讲还不高，存在学习能力较差、思想状况复杂、行为养成不够好等问题。但人是可以改造的。如果我们能够用网络互动学习新模式如“空间教学”充分调动学生的积极性、主动性和创造性，那么，他们一定会成为对国家社会有用的高素质应用型人才。

（三）有利于进一步顺应我校的信息化建设和可持续发展

当今世界正处于全媒体时代，在这个时代，信息无处不在，知识无处不在。现代计算机信息技术的迅猛发展已经深刻地改变了人们的生产生活和学习的方式。空间教学作为现代计算机信息技术发展的最新成果之一，一经问世便引起巨大轰动。在顺利成为全国首批国家级示范校后，长沙民政学院立足可持续发展的战略眼光，制定了学院发展的教育教学规划，以空间教学为龙头，大力推进信息化建设，并投入巨资对原有网络技术环境进行提质改造，以适应空间教学的需要。从 2010 年下半年开始，长沙民政学院依托职教新干线信息平台在全国率先推行空间教学改革，至今已取得喜人成果，受到教育界广泛关注。教育部副部长鲁昕、李卫红和湖南省副省长郭开朗视察我院时，对我院的空间教学予以充分肯定。在学院召开的湖南省职业院校信息化建设推进会上，湖南省教育厅原厅长张放平、现任厅长王柯敏高度称赞我院信息化建设取得的成就，副厅长王建以“感动、震撼”四个字高度评价我院信息化建设的创新成 果。高职思想政治理论课空间教学改革是我校信息化建设的重要内容，这一项目的论证和实施必将进一步促进我校的信息化建设和可持续发展。

二、思想政治理论课空间教学改革项目的建设内容与目标

思想政治理论课空间教学改革项目是基于现代信息化条件，以云平台网络空间为载体，以现代信息技术为手段，通过打造互联网信息平台，促进团队合作，实现资源共享，规范教学过程，整体提高思政课程教学质量，并培养一支具有国际视野、专业水平的高素质高职思政教学人才。通过师资队伍建设、空间网络资源共享平台建设、教学创新体系建设，具体实现以下目标：

(一)培养一支熟练掌握现代信息技术的高素质、高水平、能协作、能创新的思政教师队伍

以项目建设为契机,从以下几个方面着手建设:第一,引进高素质人才。在建设期内,争取引进一到两名具有博士学位的高素质人才,以充实和壮大教学队伍。第二,提升现有思政教师的学历层次。鼓励现有的思政教师攻读博士学位,在现有博士数的基础上,培养一到两名博士。第三,提升现有思政教师的职称水平。通过项目建设,培养一到两名教授,两到三名副教授,使现有师资队伍的学历、职称水平达到理想状态。第四,培养思政教师运用现代信息技术的能力,使每一位教师都能熟练利用互联网开展教学和研究活动。第五,培养一批具有国际访学背景的思政教师队伍。充分利用学校推进国际化、标准化、模块化和信息化的教学实践,争取将思政教师派到国外访学,学习先进的教学理念,科学的教学方法,独特的教学模式,培养思政教师的国际视野。

(二)打造一个基于云平台网络空间的思政教育教学共享平台

在我校原有的大学城个人空间思政教学的基础上,构建长沙民政学院思政教学团队空间教学平台,实现空间资源共同创建,共同享有。具体包括:第一,形成“思想道德修养与法律基础”“毛泽东思想和中国特色社会主义理论体系概论”“形势与政策”课程教学群,实现全体教师利用大学城空间进行教学。第二,形成思政教学的师生互动群,教师和学生都可利用大学城空间进行互动,利用互动问答系统、BBS 讨论区、博客系统,实现网络教学在线和离线网上交流和辅导。通过网络互动平台与虚拟实训项目的建设,建成个性化学习中心,为学生制订个性化学习策略。第三,形成思政课程资源群,方便教师互访、交流和学生课外自学、测评。

(三)探索一个基于云平台网络空间的教学创新体系

发挥互联网方便快捷的优势，实现思想政治理论课的教学创新。第一，教学手段创新。利用云平台网络空间嫁接各种教学方式、实现网络空间教学，突破传统的教学手段，超越传统的PPT，通过表格化教案，集成互联网上的优秀教学资源，形成一种独特的开展空间教学的稳定的结构形式，使教学形式更加新颖，教学内容更加丰富，教学过程更加直观，大大加强教学效果。第二，教学方法创新。在传统讲授法的基础上，发挥云平台的特点，探索新的教学方法，包括 ISAS 教学法、PBL 教学法、项目 PK 法、启发式教学法、探究式教学法等。第三，教学测评创新。利用网络平台，建立学生测评中心、试题库、作业(论文)模块，为学生提供网上自测和互评服务，增加学生自主学习时间和空间，同时，采用反抄袭策略，提高测试效果，为培养高素质技能型人才提供有力保障。第四，考核手段创新。考核手段由过去的纸质考核变为空间考核，实现无纸化考核。改变过去一考定分数，闭卷考试的方式，实行形成性考核和终结性考核相结合。形成性考核和终结性考核都可以利用空间来进行，在形成性考核中，将学生一学期的到课率，在教学空间上提交的作业，交流群组里的发言，利用教学空间进行自主学习的情况在教学空间平台上时时通报，纳入到考核范围，真正实现考核的公开透明、公平公正。

三、思想政治理论课空间教学改革的外部环境及保障措施

(一)国家示范性高职院校建设为本项目提供广阔的实践平台

学校 2006 年被确定为首批(28 所)国家示范性高等职业院校建设单位，2009 年通过国家验收建设成为首批国家示范校。多年来，学校全面贯彻落实科学发展观，按照国家示范校“发展的示范，改革的示范、管理的示

范"的建设目标要求，抓发展、抓改革、抓管理，逐步成为了改革领先、发展领先、管理先进的国家示范性高等职业院校，成为了服务湖南地方经济建设的高技能人才培养基地，成为了湖南省文明标兵单位。学校坚持"以民为本、为民解困、为民服务"的民政精神办教育，坚持"立足民政、面向社会、适应市场、开放办学"的理念办学校，强化教育教学改革，强化教师队伍建设。目前，学校有国家级教学名师 1 人、省级教学名师 2 人、省级教学团队 4 个。学校已建成 12 个国家示范重点专业、17 门国家精品课程、2 个国家实训基地。学校在国家示范校建设中取得的巨大成果，对思想政治理论课教学团队提出了更高要求，同时也为思想政治理论课空间教学改革提供了广阔的实践平台。

（二）学校的信息化建设为本项目提供了可靠的外部环境

近年来，学校加快推进信息化建设步伐，先后投入了 2000 多万元资金用于校园网的升级和多媒体教学平台建设，已建成了 1000M 出口的第二代数字校园网，300 多间多媒体教室。学校建立了课程展示中心、省级以上精品课程专门网站；为全校师生免费配发了"世界大学城"空间账号，人人都有空间，实现了"空间人人通"；在图书信息中心配置了充足的电子阅览室，1200 多个座位让没有电脑的学生免费上空间，实现了人人可以上空间；拥有 800 兆 DIA 宽带出口，3000 多个无线接口，有线、无线网络覆盖校园，实现了校园内随处可上空间。这为思想政治理论课网络空间教学改革提供了可靠的外部环境。

（三）学校的空间教育教学改革为本项目提供了强大的动力支持

从 2010 年开始，学校以信息化建设为重要切入点，依托世界大学城"职教新干线"信息平台，实施网络空间教育教学改革，实现了课堂教学的划时代革命。学校的教育教学改革和建设进入一个更加开放、更高起点的崭新时代。学校空间教育教学改革取得突出成效，得到了广大师生的称赞，领导专家的高度评价，产生了强烈的社会反响。这为思想政治理论课网络空间教学改革提供了强大的动力支持。

（四）较好的师资队伍为本项目提供了坚实的人才支撑

思想政治理论课教学团队共有教师30人，其中专职教师20人，兼职教师10人。整个队伍中，教授4人，副教授7人，讲师20人，在读博士2人、具有博士学位2人、硕士学位的25人、学士学位的1人；教师的年龄结构合理：50岁以上教师2人，41－50岁10人，31－40岁16人，30岁以下2人，中青年教师已成为教学科研的主力军。思想政治理论课程教学团队系学院优秀教学团队，兼职教师都是直接从事学生思想政治工作的（含党委书记、副书记、主管学生工作的副校长、党总支书记及政治辅导员）。他们拥有丰富的教学经验和实际工作经验，较好的师资队伍为本项目的实施提供了坚实的人才支撑。

第二章

基于互联网云平台的空间思政教学方法创新

《国家中长期教育改革和发展规划纲要(2010—2020 年)》中强调:“信息技术对教育发展具有革命性影响,必须予以高度重视,把教育信息化纳入国家信息化发展整体战略,超前部署教育信息网络,促进教育内容、教学手段和方法现代化。”2010 年下半年,长沙民政学院在全国率先推行基于互联网云平台的空间教育教学改革,学院党委果断抓住机遇,精心指导思想政治理论课空间教学改革创新。思想政治理论课空间教学以基于互联网云平台的“世界大学城”为平台,以增强思政理论课的吸引力、感染力为出发点,以推进中国特色社会主义理论体系“三进”为着力点,以提高学生的学习积极性为切入点,以提高思政教学效果为落脚点,有效整合教学资源构建思政理论课教学体系。空间思政教学包括空间课堂教学、空间交流互动、空间批改作业及考试三项主要内容。空间课堂教学是指教师在空间上按照概念库、原理库、方法库、案例库、视频库、教案库、课件库等框架建立空间资源课程,利用空间资源课程进行授课;空间交流互动是指师生之间通过留言、私信、微博、群组交流、跟帖回复等方式就教学内容及社会热点问题进行广泛讨论;空间批改作业及考试是指学生在空间上提交作业,在空间上进行考试,教师就学生的作业及考试在空间上进行批改及指导的一种教学过程和活动。空间思政教学方法创新是指依托空间,思政教师灵活运用现代信息技术,整合教学资源,开展 ISAS、PBL、研练式、情景式等多种教学方法，提高学生课堂参与度，激发学生对课程学习的兴趣，从而提高教学水平。

一、基于互联网云平台的空间思政教学改革的创新性

（一）教学理念创新

为进一步增强思政教育教学效果，落实高校人才培养目标，在依托云平台空间的基础上，我们在思政教学过程中实现了四个结合，即思政教育和民政文化相结合、思政教育与志愿服务活动相结合、思政教育和党团活动相结合、思政教育和专业教育相结合，实现了全方位、全过程、全员育人。

（二）教学手段创新

空间思政教学方法的应用依托全新的互联网云平台——世界大学城。该平台依托先进的云计算技术，以互助互学、交流分享为理念，为个人及机构建立一个功能强大的资源共享型、交互式教育学习平台。长沙民政学院为所有师生均配备了世界大学城账号和密码并实行实名制管理，实现了人人有账号，个个有空间。教师利用空间上传课程资料，利用空间进行授课，利用空间布置和批改作业、进行考试；学生利用空间开展自主学习、完成作业、进行交流互动。该平台为创新思政教学方法提供了良好的载体。

（三）课堂管理创新

为了更好的实行 ISAS、PBL、研练式、情景式等多种教学方法，我们在教学管理上进行创新，实行项目制教学管理。教师根据教学方法的不同把每个课程班级进行分组，以组为单位开展项目研究，小组成员和组长一起通力合作，共同完成。小组长每星期向教师汇报项目进展情况、小组成

员的表现、团队合作情况等，教师利用云平台空间进行过程指导。最后，以每组完成研究项目的情况来考核学生平时表现及成绩。这种管理方式极大地调动了学生的学习积极性，培养了学生的合作能力和竞争能力，备受学生欢迎。

一是依托先进的云计算技术的交互功能，搭建了功能强大的师生交互式教育学习平台，凸显了学生的主体地位。

二是依托先进的云计算技术的存储功能，构建了功能强大的师生共享思政教学课程资源库，丰富了教学资源。

三是依托先进的云计算技术多媒体功能，创设了功能强大、图文并茂、视听结合的思政教学体系，活跃了课堂教学气氛，激发了学生学习兴趣，调动了学生的学习积极性。

二、基于互联网云平台的空间思政教学方法创新的应用

从2010 年下半年开始，长沙民政学院思政理论课教师开始尝试运用互联网云平台创新思政教学方法。目前已经进行了一系列研究，开发了空间课程资源，出台了一系列围绕空间教学方法改革的体制机制，取得了一些成果。

围绕互联网云平台的空间思政教学方法创新，我们在空间资源课程构建、考核方式、师生互动、效果评价、教学方法等方面进行了研究，目前已经立项的校级课题 20 项，省级课题 4 项，中央财政支持项目 1 项，发表相关论文 15 篇。在理论研究的基础上我们还进行了教学资源开发，并出台了相应的体制机制：

（一）教学资源开发

一是开发了“毛泽东思想和中国特色社会主义理论体系概论”“思想道德修养与法律基础”等 10 余门空间资源课程。

二是建设了标准库、原理库、概念库、视频库、案例库、试题库、教案

库等 30000 多个资源。

三是思政部教学团队根据高职特点，突出培养学生问题意识，以专题教学为主要形式，制作了图文并茂、视听结合的嵌入式表格化教案。

四是建设了思想政治理论课教学部空间资源互动与共享平台。

（二）保障项目实施的体制机制

一是健全的规章制度。党委高度重视，经常召开专题会议研究部署思想政治理论课改革项目，明确了部长、教研室主任、专兼职教师的职责；颁布了有关空间建设及使用的一系列规章制度，包括《关于做好思政部职教新干线个人空间建设工作的通知》《关于进一步加强和改进思政部信息化建设实施方案》《思政部教师空间管理办法（暂行）》等；制订了 ISAS、PBL 式、研练式、情景式等教学方法的实施细则。

二是多样的项目驱动。为了调动思想政治理论课教师的积极性，我们实行项目驱动制。开展了教师优秀空间比赛、ISAS 教学比赛、空间资源课程建设比赛、说课程说项目比赛等，部分老师参加湖南省和全国信息化教学比赛，获得特等奖、一等奖多项荣誉。

（三）解决了教学实践中的困难和问题

一是解决了学生不愿学、积极性不高的问题。传统的思政教学由于教学手段陈旧，教学方法单一，学生学习思政课的积极性不高，为此，我们充分利用现代信息技术，更新教学手段，创新教学方法，图文并茂，视频与讲授、讨论相结合，极大地调动了学生的学习兴趣，提高了教学效果。

二是解决了师生见面难、交流难的问题。在空间上，师生之间的交流通过留言、私信、群组讨论、微博、跟帖回复等方式进行，和传统的交流方式相比，空间交流实现了由单维度向多维度、一对一向一对多、单向性向双向性的转变。目前，平均每位思政教师的空间日点击量超过了 10 人次以上，总访问量达到了 100 万以上，好友达到了 3000 人以上，私信留言达到了 3000 条以上。师生在空间里的交流沟通规范化、常态化，教师利用空间及时解决了学生遇到的各种学习困惑、思想困惑和生活困惑。

三是解决了学生课后学习不方便的问题。目前，每位思政教师均构建了两到三门空间资源课程，并且根据实际情况对课程内容时时更新，由于空间不受时空限制，学生可在课后随时登录教师的空间进行自主学习，并就学习中出现的问题及时和教师进行沟通，极大地方便了学生的学习，提高了学生的自主学习能力。

四是解决了资源无法共享的问题。空间是一个开放的平台，该平台实现了校内和校外之间，教师和教师之间，教师和学生之间，学生和学生之间的互通有无，我们还创建了思想政治理论课空间教学团队，为全省乃至全国的思政教师提供了资源共享的平台。

总之，该项目目前主要在三个方面取得了一定成效。一是突破了师生交流的时空局限，促进了全员育人、全程育人和全方位育人的有机结合。有效地整合了课堂教学、管理和服务的育人功能，促进了教书育人、管理育人和服务育人的有机结合。二是充分调动了师生建空间、用空间的积极性，目前空间已经成为了网络思想政治教育的主阵地和师生的精神家园。截止到2013 年10 月底，师生交流达到六十多万次，使得思政教学突破了传统教学的时空限制，大大提高了思政教学的实效性。三是实现了显性教育与隐性教育相结合，通过教学模式的创新，使思想政治理论课成为了学生真心喜爱、终身受益的课程。

依托空间开展思政教学方法改革，改变了过去传统的教师讲，学生听，思政课程满堂灌的被动教学模式，实现了学生充满兴趣自主学习，充满快乐协作学习，充满喜悦分享学习，改变了思政课程枯燥无味的现象，大大提升了思政课程的教学效果，产生了良好的社会影响。

三、基于互联网云平台的空间思政教学改革的保障政策

（一）组织保障

学校党委高度重视思政教育教学，成立了由学校党委书记任组长，党委副书记、主管学生工作的副校长为副组长，思政部、教务处、学生处、宣传部负责人为组员的思想政治理论课建设领导机构，认真贯彻落实中央关于思想政治理论课建设的相关文件精神，并下发了中共长沙民政学院委员会《关于加强思想政治理论课课程体系建设的意见》，为思想政治理论课课程教学改革保驾护航。

（二）队伍保障

我们拥有一支专兼结合，年龄结构、学员结构、职称结构合理的优质思政教学团队，现团队高级职称占 40%，98% 拥有硕士学位，博士和在读博士占 15% 。目前中青年教师已成为教学科研的主力军。思想政治理论课程教学团队系学校优秀教学团队。近三年共发表科研论文 185 篇，主持并完成省级以上课题 10 项，出版专著及教材 10 部。

（三）技术保障

充分利用长沙民政学院长期从事资源开发、数据库建设、信息管理工作的技术队伍，为思想政治理论课网络空间平台建设、多媒体制作、素材库建设提供技术上的保障。目前，学院拥有独享 1000M 出口的第二代最新数字校园网，有线网络信息接入点 5400 多个，无线接入点 1000 余个，可同时满足 4000 用户的无线上网需求；建成现代化交互式多媒体教室 256 间。由我院探索创建的“网络学习空间人人通”建设模式已成为国家教育信息化“三通工程”的重要组成部分。

（四）资金保障

学校加大资金扶持力度，为思想政治理论课师资队伍建设、网络空间平台建设、实践实训基地建设提供可靠的资金保障。2013 年思想政治理论课教学创新团队获得中央财政 200 多万的专项资助，学校已规划建设 1800 平米的思想政治理论课教学研究与实践中心（含民政文化研究与实践中心、职业道德研修中心、近代史研修室、校园廉洁文化研修与实践中心、党团建设研训室、青年志愿者服务指导中心、科学发展观研习会、思想政治理论课教学研究与绩效评估中心），为思想政治理论课教学提供坚实的资金保障和良好的实践平台。

参考文献

[1] 刘洪宇. 把课程建在互联网云平台空间的创新实践与推广意义[J]. 中国教育信息化，2012(09).
[2] 刘洪宇，易希平，李科，唐春霞. 运用互联网云平台空间改进和完善优质教学资源管理[J]. 中国教育信息化，2012(13).
[3] 罗珍. 构建高职思想政治理论课空间资源课程[J]. 衡阳师范学院学报，2013(04).

第三章

互联网新媒体时代高校思政课教学改革

互联网在高校大学生中广泛而深入的应用，对高校传统的教学带来了机遇也带来了挑战。作为高校思政课教师应顺势而为，抓住机遇，迎接挑战，积极进行教学改革，切实增强思政课教学的时效性。

一、互联网为高校思政课教学提供了新的机遇和挑战

(一) 互联网为思政课教学提供了新的机遇

1. 为思政课教学提供了崭新的媒介

随着互联网技术、智能手机的不断发展，互联网将成为大学生学习知识的主要途径。当代大学生计算机运用能力普遍提高，互联网思维增强，他们思想活跃，容易接受新事物；各个学校大规模投入多媒体与网络平台建设，为实施网络环境下的教学模式提供了良好的外部环境。高校思政课教学要适应这种形势，充分利用互联网，建构以课堂教学与网络教学相结合的教学机制，搭建线上和线下相结合的新平台。

2. 为思政课教学提供了丰富的信息资源

传统思政课教学由于受到各种条件的限制，内容单调、枯燥、重复和

陈旧，而网络的出现使教育的形态从静态变为动态，从平面走向立体，网络具有极高的文化和科技含量，更增加了新的内容。思政课教师可以充分利用网络的信息海量、传授平等、交流直接、预警及时等优势，极大地增加了思政课教学的覆盖面和有效性。

（二）互联网为思政课教学带来新的挑战

1. 开放的海量信息环境挑战传统的教学模式

思政课传统的教育模式是灌输式或注入式，其结果是“我说你听，我打你通”。教师热衷于讲授，学生习惯于听讲。这种单向信息传播模式，在信息匮乏、环境闭塞的教育氛围中是行之有效的。网络时代，信息爆炸现实地摆在每个人面前，这无疑对教师的信息导向能力提出了挑战。一方面，教师在信息的拥有方面不再具有独占的权威优势；另一方面，如何以一种学生乐于信服的方式重塑教师信息的主导地位，是一个值得认真思考的问题。

2. 快捷的信息传播扩散速度挑战传统的教学模式

传统的、程式化的教学模式，如编写教材、备课、讲课、作业、考试等，已适应不了新形势需要。随着网络时代的悄然来临，一些重大政治事件在没有任何官方消息时，网上的消息早已铺天盖地，学生在教师授课前早已有了自己的观点。这就要求思政课教学不能再就事论事，教师应借助网上报道的大量即时发生的事件话题及时调整教学内容，进行分析、评价，把课堂教学与现实世界有机地紧密联系在一起；及时吸收当前理论界和具体科学发展的新成果，以弥补因教材出版和使用周期可能造成的某种滞后性，让学生心悦诚服地接受其思想与价值导向。

3. 网络不易控制的负面信息挑战传统的教学模式

海量的各式各样的信息使高校思政课选择教学信息源和把握教学内容活动更复杂。如西方国家渗透的政治信息和文化、非法组织制造社会混乱的黑色信息、网络“病毒”信息等给高校在思政课教育中树立正确的价值观工作带来了新的挑战。

4. 网络导致师生关系淡薄，弱化了教师的主导功能

网络信息交流的一个重要特点是“人机对话”，这种对话改变了人际交往的方式，使人与人的交流变成了人与机器之间的交流。学生上网搜集信息、学习、交流，都是通过电脑和键盘来完成的。学生输入和看到的都是一个个数字符号，通过数字化的“在线空间”与教师、同学交流。这样就使学生与老师、同学接触的机会减少，易造成学生的自我封闭、焦虑、苦闷、孤僻、冷漠、压抑等，导致师生之间、同学之间关系的淡化。当前高校思政课教学在教学内容、教材建设、教学方法、教师自身素质等关键环节上，其自身改革的速度跟不上社会发展的步伐，离青年学生的内在需求有相当大的距离，教学效果难如人意。在网络的交互式平台上，学生的主体意识被极大地调动和刺激起来，使其认知和情感评价产生连贯性的感染，这对我们传统的单向性的教育方法的冲击最为突出。因此，面对网络新的挑战，高校思政课教育方式必须做出改进，以适应这个创新的时代，保证教育的针对性和实效性。

二、互联网时代改进思政课教

思政课是大学生提高道德修养，增强法律意识，树立正确的世界观、人生观和价值观，形成健全人格的重要途径。在互联网时代，应对混杂在纷繁复杂的信息中的负面不良信息的挑战，维护马克思主义意识形态的核心地位和社会的和谐稳定，巩固党的领导地位，思政课教学必须顺应时代潮流，深化教学改革，增强教学效果，努力提高大学生思想政治素质，服务于大学生健康成长和顺利成才，为构建社会主义和谐社会、建设中国特色社会主义，输送政治立场坚定、专业技能突出的建设者。

（一）提高教师素质

教学活动是一个由教师实施的，相对独立的教育教学活动。在这个活

动中，教师无疑是占主导地位。为了确保教育教学活动的顺利进行，教师必须具备较为系统的相关学科知识，具有迅速获取相关知识的能力，具有借助语言、肢体语言以及相关载体等方式向学生传导知识的能力，具有对教学过程实施控制的能力，具有对一定教学情境控制的能力，具有良好的语言组织和沟通能力，具有自我完善和自我发展的能力等。思政课教师要认真分析互联网环境下大学生思想行为特点，积极回应学生关注的热点问题并做出有针对性的解答，引导大学生理性思考，以提高思政课的针对性和时效性。各高校应充分重视思政课教师在大学生成长成才过程中的重要作用，通过对思政课教师进行系统的理论培训，有计划的分期分批选送部分教师参加短期业务学习和专项进修，配合以一定的激励、奖励政策等措施，鼓励教师提高和完善能力结构，进而增强高校思想政治教育的实效性。

（二）调动学生积极性

针对当前大学生广泛应用的新媒体技术，思政课教师应主动学习使用博客、BBS、QQ 群、微信等新媒体，与大学生进行平等的沟通和交流，尊重大学生在思政课教学中的主体地位，强调以学生为本、充分运用与教学内容相适应的教学方法和载体，设计与之相适应的教学情境，调动学生的主动性，引导学生积极参与到整个教学活动过程中。关注课堂以外学生的思想活动，切实转变教育理念，树立以学生为本，服务学生成才的观念，准确把握学生思想动态。根据学生的思想实际和教材要求制定教学内容，通过贴近学生生活、贴近学生思想的教学内容，进一步调动学生参与教学活动的积极性和主动性，使学生在参与教学活动的过程中理解、接受思政课的教学内容，并结合个人思想实际将对思政课教学内容的感性认识逐步内化，最终达到能够正确认识和对待社会生活中各种现实问题，促进学生实现知行合一，形成理想人格，从而推动大学生思想政治教育工作的有效开展，达到内化于心、外化于行。

（三）改善教学方法

任何科学技术发展的最终目的都是为人服务，我们必须清楚地认识到新媒体技术的迅速发展给思政课教学带来的挑战和机遇，顺应时代的发展，运用新媒体技术为思政课教学服务，通过搭建网络思想政治理论教育教学平台网站，创建思想政治理论教育博客，利用 QQ、微信、微博等新媒体的即时通讯功能，将大学生思想政治教育工作从现实生活中拓展到网络世界。在思政课教学过程中，用体验教学法、互动教学法、参与教学法等诸多形式去代替传统的一支粉笔、一本教案、一门课程的单向教学方法，运用多媒体技术将影音素材加入到思政课教学中，用大学生喜闻乐见的形式来完成传播知识，培养情感，提升境界。引导大学生理性思考，增强大学生思想政治教育的时效性和有效性。

（四）创新教学模式

从系统论来看，思政课教学改革涉及到教学主体、教学空间、教学内容、教学方式、教学过程、教学环境等要素。随着社会现代化进程的不断推进，基于互联网新媒体时代大学生期待什么样的思政课的访谈分析，思政课教学改革遭遇教学实效弱化、学生情绪极端化等现代性困境。互联网新媒体时代思政课教学改革应从整体体系层面加强多方面的建设，建立健全相应的领导管理体制机制，重视队伍建设和学科发展，在完善落实相应的经费支持等条件保障的前提下创新教学模式：一是教学内容时代化；二是教学方式信息化；三是教学主体间性化；四是教学体系系统化，努力提高思政课教学的针对性、实效性和吸引力、感染力。思政课教师必须注重大学生个性化特征，在教学过程中从受教育者的心理和思想实际出发，注重个体发展的差异性和丰富性，注重运用心理疏导和人文关怀，真正关心学生、服务学生，满足学生理论探索的需要，排解困惑的需要，主体参与的需要，培养他们的社会适应能力，满足互联网时代大学生在海量信息面前需要鉴别和引导的现实需求，进行教学模式的创新。

参考文献

[1] 陈杰. 高校思想政治理论课教学话语的创新[J]. 河北理工大学学报(社会科学版), 2011(6).

[2] 朱文文. 新媒体时代大学生思想政治教育的挑战及其对策[J]. 文教资料, 2009(11).

[3] 张耀灿. 现代思想政治教育学[M]. 北京：人民出版社, 2006.

第四章

慕课背景下高校思政理论课教学新模式及践行机制

慕课是在在线课程的基础上发展起来的一个新生事物，是一种运用教育信息技术和网络环境开展的新的教学模式。高校思政理论课教师应理性借鉴“慕课”这一新的教学模式，结合思政理论课自身的学科特点，革新思政理论课教学方法手段，使大学生更好地接受、认同社会主义主流意识形态和社会主义核心价值观。本文在研究慕课教学的基础上，提出了新的教学模式——双主体智能型多边互动开放教学模式，并就其践行机制进行了探讨。

一、慕课视域下的高校思政理论课教学新模式

随着网络信息技术的发展和教学理念的革新，慕课迅猛发展起来，这种模式“正触动中国传统教育的根基”。作为一种新兴流行的在线教学模式，之所以有这么大的冲击力，得益于慕课全新的教学理念。慕课教学以“学生为本”，要求在教学结构上实现教育者主导、受教育者主体的“双主”形式；在教学管理上实行网络软件对学生学习过程跟踪、智能化管理；在教学过程中实现师生、生生间的显性多元互动以及学生与课程资源等隐性

互动；在教学内容上主张根据学生需求不断更新、调整。同时，“这种吸引力、影响力得益于慕课的三项技术优势：微课程、小测验和实时解答。”简而言之，慕课为高校思政理论课教学模式创新提供了“逻辑之思、技术之基”。因此，高校思政理论课教师应该转变思想观念，以慕课教学价值取向为指导，运用教育信息技术，开展双主体智能型多边互动开放教学模式实践。

所谓双主体智能型多边互动开放教学模式是指在思政理论课教学中，充分利用教育信息技术和思政网络教学资源，强化教学过程中的主体性、互动性、智能性、开放性的教学模式，是一种体现线上教学与课堂教学有机统一的教学新模式。双主体智能型多边互动开放教学模式的构建目标就是通过教师的主导、学生的主体，通过师生间、生生间等多元显性和隐性互动进行思想的碰撞，使社会所要求的思想、道德、科学理论内化为学生的价值观、道德观和科学的理论思维，从而使学生养成良好的道德品质和分析、解决现实问题的能力。它所追求的逻辑起点是学教并重，充分发挥学生的主体作用，促成课堂的成功转型。它追求的内在过程，是在教师的引导下，师生对真理的共同探寻。它所追求的外在形式是通过教育信息技术与思政课程教学的整合，线上教学与课堂教学的深度融合，进行自主、探究、合作的教与学的方式。由此可以看出，双主体智能型多边互动开放教学模式的本质核心是在互联网学习资源和学习环境的支持下，通过发挥教师主导和学生主体作用，学生成为知识、信息的加工主体和知识意义的建构者，教师是教学过程中的指导者、帮助者、促进者。

二、双主体智能型多边互动开放教学模式的践行机制

“机制是有机体事物各要素之间相互适应、相互制约、自行调节的自组织，其功能是耦合的，其形式是动态的。”践行机制作为机制的从属概念，自然可推演出践行机制就是指影响这一教学模式运行的各因素依据一定的机理而运行的相互作用关系及方式。其具体内容包括采取这一新教

学模式的目标是什么；为了实现这一目标，其保障条件是什么；如何确定这一目标实现，如何进行评价等。这里，我们重点强调双主体智能型多边互动开放教学模式的目标机制、保障机制和评价机制。

(一) 双主体智能型多边互动开放教学模式的目标机制

双主体智能型多边互动开放教学模式的目标是指在思政理论课教学中运用这一模式所要追求的结果。目标在整个教学过程中，相当于教学活动的“方向盘”和“定位器”，起着重要的导向作用。其导向作用主要体现在如下两方面：一是定向作用。目标一般在教学活动开始之前就已经明确，因此具有预期性。这就为教育者明确方向，鼓舞自己向目标前进。二是整合作用。思政理论课教学过程是一个动态过程。在教学运行中，毫无疑问会受到各个方面因素的积极促进作用或负面干扰作用。教育者可以在这一目标的指引下进行分析判断，排除干扰，集中优势，朝着目标前进。

为了更好发挥目标的导向作用，必须不断优化这一教学模式的目标机制，确定科学的目标体系。思想政治教育学家知名学者骆郁廷指出：“思政理论课教学活动既不是单独的教师教授活动，也不是纯粹的学生学习活动，而是由教师教的活动与其所引起的学生学的活动有机构成的一种特殊的实践——认识复合活动。”因此，“思政理论课给予学生的不应是一些概念原理结论，而应是一种理论思维，是观察当代世界、中国的基本立场观点和方法。”这一目标的实现，靠简单的说教、“满堂灌”等枯燥僵化的教学方法是无法实现。而在本教学模式中，思政理论课教师采用教师引导、学生协作探究等多种教学方法，提高学生的分析能力、思考能力、辨析能力、表达能力，从而实现从知识本位向综合素质本位的目标转变。

(二) 双主体智能型多边互动开放教学模式的运行机制

当教学目标确定以后，还需要制订实现目标的具体规划安排，包括操作流程、师生角色扮演、质量考核等教学环节要求，其重点是制定切实可行的操作流程。课前，思政理论课教师作为教学设计者、引导者，以教学大纲为依据，设计教学资源并上传至网络，组织学生课前浏览相关资源。学生也必须做好相应的准备，按照思政理论课教师的安排，自主进行课前学习，为参与课中教学活动做好准备。在课中，思政理论课教师作为教学的组织者，组织学生就教学重点、社会热点、思想疑点进行讨论、辩论，碰撞出思想的火花，让学生在心灵上有触动、思想上有感悟。在课后，通过网络通讯手段与学生继续进行交流探讨，督促学生把思想的转变落实到行动中，完成对课中所学内容的深层次掌握。

（三）双主体智能型多边互动开放教学模式的保障机制

双主体智能型多边互动开放教学模式的本质核心是在互联网学习资源和学习环境的支持下，通过发挥教师主导和学生主体作用，学生要成为知识、信息的加工主体和知识意义的建构者，教师是教学过程中的指导者、帮助者、促进者。这需要相当的人力、物力、财力支撑，因此，需要从人力、制度、技术等方面着手，建立一套相对完善的保障机制。

1. 人力保障

第一，提高教师素质。在双主体智能型多边互动开放教学模式中，思政理论课教师是教学的设计者、实施者，是学生学习的引导者、帮助者，是学生思想转变的助产者。这无疑对其要求提高了。思政理论课教师不仅要具备良好的思想道德素养和扎实的理论修养，同时，必须掌握一定的信息技术和网络技术，以方便与学生在线上进行交流互动。第二，整合人力资源。双主体智能型多边互动开放教学模式实质是整合了线上教学与线下教学的混合教学模式。思政理论课教师为了成功实现教学，必须上传网络资源、进行网络学习监控、与学生交流互动、评价反馈等一系列教学活动。这完全依靠思政理论课教师肯定是不现实的，也是不科学的，为此，需要整合人力资源，吸收网络技术管理员进行线上教学资源维护与教学监控等；吸收优秀学生担任教学助理，负责常见问题的回复等。

2. 制度保障

“制度是调节各种关系的法规、组织机制和社会规范，是由规则建立起来的秩序。”它是保障双主体智能型多边互动开放教学模式有序运行的重要条件之一。保障制度的内容是多方面的：第一，建立教学管理制度。学校教务处协同思政理论教学部门制定相关教学管理规范，使教师线上教学、批阅作业、回复学生提问等日常教学行为规范化，严格管理教学秩序。第二，建立师生行为规范。网络是一个公共平台，为了保障网络教学的有序进行，必须出台相应的网络行为规范，规范师生行为。例如，建立“网络礼仪”，规范师生网上文明语言与行为。第三，建立激励制度。双主体智能型多边互动开放教学模式要求思政理论课教师既要开展网络教学，又要开展线下教学，这无疑增加了思政理论课教师的工作量。因此，为了调动思政理论课教师的积极性，学校和思政理论教学部应该对取得良好教学效果的教师进行物质和精神奖励，例如纳入教师年度教学考核，作为教师年终考核乃至晋职、晋级的依据之一。

3. 技术保障

双主体智能型多边互动开放教学模式要依托的重要媒介就是网络平台。网络平台的建立需要一定的硬件基础设施和软件开发应用，因此，其技术保障主要从两方面着手：一方面，加强硬件基础设施建设，实现校园无线网络全方位覆盖，方便师生网络教与学。目前，各高校都比较关注和重视网络信息化基础设施建设，建设情况良好。另一方面，加强教学软件的开发与应用。思政理论课教师要进行网络教学，前提是建设集文字、视频、声音、图片等为一体的资源库。这离不开一定的教学软件。同时，学生要进行网络学习，也离不开一定的学习软件。同时，网络信息技术软件更新换代速度比较快，这更需要各高校加强这方面的开发以及在教师中的推广工作。

（四）双主体智能型多边互动开放教学模式的评价机制

双主体智能型多边互动开放教学模式的评价机制主要是指思政理论课教学部门及教师通过全面调研，遵循严格的程序，对这一教学实施的状况和实际效果进行综合考量，然后做出客观公正的评价，从而推动思政理论课教学的良性发展。对这一教学模式的评价重点是评学、评教和师生对该模式的认同评价。

评学主要是指学生学习效果的评价。开设思政理论课的目标不仅仅是要学生掌握某一知识点，而是帮助学生树立正确的世界观、人生观和价值观。这就要求在评价中不仅要考查学生对马克思主义基本观点和原理的掌握，对其进行基本知识测验，更要掌握对学生能力、思想素质和精神风貌的改观和提升。但许多有关人的思想政治素质和精神风貌的因素是难以用数字精确计量的。例如，一个人的思想觉悟到底提高了多少、道德品质好到什么程度等都是不容易精确计量的。因此，在不能用数字精确地显示出来的情况下，依据主观的感性认知，反而能使人获得更清楚、准确的认识。

评教是由思政理论课教学部和学校对思政理论课教师组织考评，主要根据学生评教、教师自评、同行测评等进行考核，评教结果与工作报酬、本年度的评优评先等挂钩。此外，还包括师生对该模式的认同评价。这主要通过开展问卷调查、访谈等方式，了解师生对该教学模式的态度以及有待改进的方面。

参考文献

[1] 曹继军，颜维琦.“慕课”来了，中国大学怎么办？[N].光明日报，2013-07-16.

[2] 李梁.慕课视域下深化思想政治理论课教学改革的若干思考[J].思想理论教育导刊，2014(12).

[3] 罗珍.“慕课”背景下高校思政理论课教学模式创新的实践逻辑分析[J].湖北广播电视大学学报，2014(12).

[4] 张耀灿等.思想政治教育学前沿[M].北京：人民出版社，2006.

[5] 骆郁廷.高校思想政治理论课程论[M].武汉：武汉大学出版社，2006.

[6] 刘美珣.一路走来亲历清华思想政治理论课改革三十年[M].北京：清华大学出版社，2011.

[7] 唐鹏.民族院校发挥思想政治理论课主渠道作用研究[M].北京：中国文史出版社，2005.

第五章

空间教学背景下思想政治理论课教学创新探微

当今世界正处于全媒体时代，在这个时代，信息无处不在，知识无处不在。现代计算机信息技术的迅猛发展已经深刻地改变了人们的生产生活和学习的方式。空间教学作为现代计算机信息技术发展的最新成果之一，一经问世便引起巨大轰动。从 2010 年下半年开始，长沙民政学院依托职教新干线信息平台在全国率先推行空间教学改革，至今已取得喜人成果，受到教育界广泛关注。那么，在空间教学背景下如何实现思想政治理论课教学创新这个常讲常新的重要课题呢？笔者不避拙劣，试述愚见。

一、空间教学背景下思想政治理论课教学创新的必要性

(一)是肩负的历史使命的必然要求

思想政治理论课是大学生的必修课，是大学生思想政治教育的主渠道。它的主要任务是帮助学生树立科学的的世界观、人生观、价值观，进一步坚定对社会主义的信念、对马克思主义的信仰、对改革开放和现代化建设的信心，确立对党和政府的信任。高职院校承担着为社会培养生产、

建设、管理服务一线需要的、动手能力强、具有良好职业道德的高级应用型人才的重任。显然，我们要培养的学生不能只具有工具性的技术，更应该具有良好的思想政治素质和职业精神，只有这样的学生才能成为合格的职业人和社会人。因此，思想政治理论课教学创新势在必行，刻不容缓。

（二）是解决自身问题实现突破的必然要求

近年来，高校思想政治理论教育立足当代社会实践、与时俱进、积极探索和革新，形成了一套适应新形势需要和大学生实际的行之有效的教育教学方法，呈现和散发出讲求针对性、时效性、富有创新性的新气象和新气息，但这并不意味着高校思想政治理论教育教学已趋于完美。目前高校思想政治理论课仍存在许多问题和阻碍。这些问题包括：理论与实践联系不紧密、思想政治理论课的政治功能和育人功能脱节、教学方法单一、考核评定不合理、教师队伍建设投入不足等。上述存在的问题给思想政治理论课带来了严重的负面影响，制约了思想政治理论课作用的发挥。只有对思想政治理论课进行教学创新，才能解决自身问题、实现突破。

（三）是贴近学生实际全面推进素质教育的必然要求

随着社会的发展变化，素质教育成为教育发展的主流和基本方向。思想政治理论课对大学生的素质教育有着特殊重要的地位和作用。要全面提高大学生的素质，使学生真听真学，高校思想政治理论课就必须贴近学生实际，想学生之所想，急学生之所急，勇于创新。学院思想政治理论课实行空间教学改革后取得了可喜的成果。我们的主要做法是课程建在空间里、管理融入空间中、师生在空间进行互动、教学在空间延伸。空间教学互动重塑了师生关系，空间课程重构了学习模式，空间管理重建了学术信誉。通过空间教学改革，学生更加自信、阳光和好学。学生学习由过去的“要我学”转变为“我要学”。

（四）是适应社会发展变化的必然要求

90后大学生出生成长在中国社会剧烈变迁、经济迅速发展、信息高速发达的特殊时代，他们掌握了最现代的信息传播途径和手段，但却缺乏独立思考和判断的能力。因此，高校思想政治理论课教学就必须紧跟时代步伐，借助空间教学等手段，注重将传媒传播的信息内化为学生对世界和人生的认知。高校思想政治理论课适应时代的变化，不仅要改变原有封闭单调的教学模式，借助大众传媒的手段来丰富教学内容和教学手段，增强课堂教学的趣味性，更要用任课教师深邃和智慧的思想去撞击学生的头脑，激发他们内心更高层次的价值追求，为青年大学生乃至整个社会提供一种正确的价值支撑和价值引导，以满足已解决生存性消费问题的中国人想要探索人生目的和意义的迫切需要。

二、空间教学背景下思想政治理论课教学创新的主要内容

（一）教学理念的创新

教学理念的创新是思想政治理论课教学创新的前提和基础。空间教学背景下的思想政治理论课教学理念的创新用一句话来概括就是：以人为本回归现实生活。传统的思想政治理论课教学的突出弊端就是：它高高在上、不食人间烟火，严重脱离实际、脱离生活，尤其是脱离青年大学生有限的人生阅历所不能体验和感悟到的那一部分现实生活。如果我们敢于承担属于我们作为师长的那一份责任，有着让远离生活、脱离学生实际的思想政治理论课真正进入学生头脑的良好愿望。那么，我们就必须在新的教学创新中做到以人为本回归现实生活。以人为本体现在教学过程中，就是以学生为本。吃透学生的实际情况，准确把握学生在学习过程中遇到的实际困难，并给予学生及时、有效和有针对性的实际帮助，是搞好思想政

治理论课教学的关键，也是思想政治理论课教学创新的根本着力点。因此，以学生为本，也就必然要求做到按学生的学习特点、方式和规律来组织教学活动，运筹教学的结构、特征和整个过程，也就是要切实做到按需施教。

（二）教学内容的创新

“空间教学背景下思想政治理论课教学要以教学空间为新的平台，按照国际化、标准化、模块化、信息化要求，建设以空间资源库为支撑，以模块集成的图表化教案为实际应用的空间资源课程”。每门课程要完成解构和重构的任务。首先要根据专业人才培养目标和工作岗位任务进行解构。在调查研究基础上，确定资源建设任务。在教学空间建设概念库、原理库、方法库、案例库、示范标准库、训练题库、网络阅读藏书库、教学视频库、专业知识扩展库等。在此基础上，根据教育教学基本规律，用图表教案实现对课程教学资源的模块化集成，使之能够在实际教学培训中得到灵活运用。在资源建设中，重点在于课程教学资源建设。要充分用好教学空间这个平台，要在完成教学资源库建设的同时，不断更新课程内容使之反映最前沿的理论、最新颖的技术、最贴近学习生活实际的案例。学会灵活运用超链接、频录、图片及各类图表来重构教学内容。将理论与实践结合起来，将课内与课外结合起来，将知识与案例贯穿起来，使课程结构设计更科学，让整个教学流程的点线面结合成一个多维立体的知识结构体系。

（三）教学方式的创新

教学方式灵活多样是增强教学吸引力、提高教学实效性的重要保证。我们传统的课堂教学方式较为单一，大多是教师讲得多、学生想得少，积极参与意识弱，导致的结果就是教师讲得累、学生听得烦，学生“知而不行”。空间教学背景下的思想政治理论课教学方式创新就是在师生共同建设教学空间的基础上，以空间互动为纽带，促进师生教学相长。教师必须明确要求学生在自己空间完成学习任务。在此基础上，教师要深入学生空间批阅作业，还要积极开发和充分利用空间群组学习功能，按照课程对学生资源进行重组，使空间教学与课堂教学相得益彰，将群组转化为带有课程文化特色的学习中心。教师要主动指导学生建设空间、使用空间，培养学生的信息处理能力，学会利用空间资源进行信息搜索、筛选组合，使学生能够依托教学空间进行终身学习。教师要经常访问学生空间，及时了解学生的学习情况和思想动态，努力端正学生的学习、生活态度，引导学生积极乐观地面对生活、面对人生课题，激发学生进行课程学习和社会实践的热情。空间教学背景下的思想政治课教学方式的创新就是要在贴近学生生活、体现专业特色、锻炼学生能力方面下功夫，发挥课堂教学、校内外实践教学的不同特色，开展丰富多样的教学活动，增加思想政治理论课实践教学的吸引力，提高教学实效性。

(四)考核方式和评价标准的创新

教学考核是教学活动的一个重要环节，通过考核既可以检验教师的教学效果，又可以检验学生的学习效果。空间教学背景下，思想政治理论课作为高校政治理论必修课，要想真正提高其教学实效性，不仅需要教学内容、教学方式有所创新，在考核方式和评价体系方面也要创新，要注重考核方式和评价标准的多样性。第一，为适应空间教学和新教材的需要，思想政治理论课的考核将由过去的一张试卷定优劣改为综合考核评估。空间教学背景下考试已实现无纸化，考试都是在网上空间进行，考核也要在网上公布，过程和结果均要接受学生监督，进一步彰显了考核的公平、公开、公平原则。学院的做法是将学生的课程总成绩分为平时成绩(含课程作业、出勤、课堂互动等)和期末成绩，两部分各占百分之五十，以五级制评价，不打具体分数。总的原则是坚持理论和实践相结合、教师与学生相结合、定性和定量相结合，进行综合考核评价，主要考核学生在思想认识上的提高和现实表现。第二，在考核评价过程中，要构建综合考核体系，变“知识记忆”的考试为“学习过程”的考试，把闭卷考试改为开卷考试，与课程学习小论文、相关心得体会相结合，同时增强平时学习态度和课堂、生活表现的考核比重。要延长考核时间，细化考核要求，做到在学习中考核、在考核中学习。

三、空间教学背景下思想政治理论课教学创新的思路

（一）把以人为本作为思想政治理论课教学创新的根本原则

以人为本就是要以人为中心，突出人的发展。“人是教育的中心，也是教育的目的；人是教育的出发点，也是教育的归宿，任何教育只有转化为自我教育、自我管理、自我服务，才能真正达到教育效果”。思想政治理论课教学创新只有突出以人为本，大力弘扬人的主体精神，调动学生的积极因素，激发学生的创造活力，最大限度地发挥学生的主观能动性，才有利于学生将社会要求转化为自我要求。把以人为本作为思想政治理论课教学创新的根本原则，就必须确立以学生为本的理念，树立尊重个人发展的教育价值观，建立新的人才观、教学观、质量关。当然，在强调以学生为本的同时，也不能忽视教师的主体性。教师的主体性体现在教学活动的主导作用上，学生的主体性体现在学习过程的积极参与上，在思想政治理论课教学创新过程中，坚持以人为本，必须发挥两个主体的主动性和创造性，才能使教学取得实效。

（二）把树立新的教育理念作为思想政治理论课教学创新的根本前提

空间教学背景下思想政治理论课教学创新的前提是新的教育理念的树立，唯有如此才有思想政治理论课实质性的创新。首先要树立全面发展的思想政治课教育教学理念。从现代国际社会发展和我国国情出发，二十一世纪“人的全面发展”的四个支柱应该是：学会求知、学会做事、学会共处、学会做人。其次要树立协调的思想政治课教育教学理念。重视教育教学过程中立环节之间的有机协调，发挥资源互补优势，树立切合社会进

步、教育发展、大学生成长成才的思想政治课教育教学理念。再次要树立可持续发展的思想政治课教育教学理念。通过各种创新使我们的教育能够真正深入人心，使学生真正从内心深处“学、懂、信”，进而指导自己的实践。最后要树立尊重学生的思想政治课教育教学理念。以人为本，尊重学生，关心学生，关注学生的思想实际，有针对性地进行教育。

（三）把教学模式的转变作为思想政治理论课教学创新的根本路径

教学模式是教学理论和实践的中介，是在一定教学理论指导下，为实现特定教学目标，用来设计课程，选择教材、提示教师活动的基本模型。空间教学背景下思想政治理论课教学模式的转变就是由传统的“传递—接受”式教学模式转变为知识、能力、素质三位一体的教学新模式。总体上看，传统的“传递—接受”式教学模式至今影响着广大教师，制约着教学水平和教学效果的提高，也在一定程度上泯灭了思想政治理论课教学的人文性。课堂教学改革创新没有现成的模式，更不必恪守固定的模式，但这并不是说不需科学模式。叶圣陶先生说：学我者活，类我着死。通观古今中外教育大家和良师，他们各有各的教育风格，这些风格均体现于各自的教学模式。

（四）把构建科学的教学评价体系作为思想政治理论课教学创新的根本保证

制定科学完善的思想政治理论课教师教学质量评价体系，是实现思想政治理论课教学目标的必然要求，是提高思想政治理论课教学质量的重要环节。首先，要确立思想政治理论课教育教学评价目标，这一目标是思想政治理论课教育教学的出发点和落脚点。努力实现目标的具体化和量化，使思想政治理论课评价目标由“软”指标变为“硬”指标，便于思想政治理论课教育教学的评价。其次，构建科学的思想政治理论课教育教学评价体系。从领导评价、专家评价、同行评价、学生评价、教师自我评价、教案评价五个方面入手，进行分类评价，五项评分分别乘以不同的权重，得出每位教师学年的评价结果。通过综合上述评教结果，可以比较客观、准确地反映思想政治理论课教师课堂教学的基本情况，调动教师改进教学方法、提高教学水平的积极性。另外，要优化思想政治理论课教育教学评价技术手段。坚持定性评价和定量评价相统一、过程评价和总结评价相统一、传统评价和网络评价相统一、单项评价和综合评价相统一，力求做到真实、客观、公正。

空间教学背景下的思想政治理论课教学创新不是对传统教学的全盘否定，相反，它是以传统教学为基础，在教学目的、教学理念、教学内容、教学方法、教学考核评价等方面的综合创新，是对传统教学的扬弃。当然，这种创新绝非一蹴而就的事情，而是一个任重而道远的艰苦过程。

参考文献

[1] 黄丹. 空间教学背景下的思想政治理论课教学改革问题——以长沙民政学院为例 [J]. 职业技术教育, 2011(11).

[2] 张玉华. 认真加强和改进大学生思想政治教育工作——部分高校有关负责同志座谈会综述[J]. 思想理论教育导刊, 2005(2).

第六章

思想政治理论课信息化教学中微博的运用

当前高校思想政治理论课信息化教学已经成为学术界的共识和课程改革的总趋势。在方兴未艾的思想政治理论课信息化教学过程中，微博在思想政治理论课教学中的运用尤为引人关注。微博作为新兴的网络工具，与思想政治理论课的结合为课程的信息化教学改革提供了一个全新的视角。

一、微博运用于思想政治理论课教学的价值与意义

(一)微博具备成为思想政治理论课教学载体的基本条件

根据教育学的基本理论，微博要想成为思想政治理论课教学载体必须同时满足下面两个条件：一是能够承载思想政治理论课的教学目的、内容、原则等基本信息，并且能够被思想政治教育主体所操控。二是能够将教育主体和教育客体联系起来，使得主客体双方可以借助这种形式进行双向交流互动。显然，微博满足这些条件。微博借助网络资源，信息量巨大。思想政治理论课信息化教学载体有突出的自身优势：一是微博操作简单，表达方式不拘一格，可以率性而为，极大地降低了思想传播、教育教学的门槛，可以吸纳几乎所有的学生参与进来。二是微博的发布可以依托

多种终端进行，实现了个人和信息的无缝对接。这就使思想政治理论课的课堂教学由课内延伸到课外。而且微博将传统课堂中的主客体放在了同一对话平台上，双方都有充分的话语权。这有利于双方表达真实思想，使得思想政治理论课教学内容更容易被大学生接受。三是微博具有隐性思想政治教育功能。微博运用于思想政治理论课教学，能够使原本严肃的显性教育内容以更加生动的方式呈现出来。也能够通过一些不为学生明显感知的教育教学活动达到教育教学目的。即“通过寓教于乐使大学生在潜移默化中内化和提高思想政治觉悟，并最终通过各种行为外化、迁移出来。”当代大学生追求时尚和个性，讨厌刻板说教，逆反心理严重。在微博已经深入大学生生活的情况下，微博运用于思想政治理论课教学可以有效避免学生的逆反心理和对抗情绪，把教育教学内容以学生喜欢的、生动的、间接的、暗示的、非强制性的方式传递出来，充分发挥他们的主观能动性和创造性，并使之在轻松愉悦的教学过程中接受和认同思想政治理论。

（二）微博运用于思想政治理论课教学有助于解决思想政治理论课面临的问题和挑战

诚然多年以来的高校思想政治理论课教育教学改革已经取得了一些令人欣喜的成绩，但目前高校思想政治理论课仍存在许多问题和挑战。主要包括：理论与实践脱节、思想政治理论课的政治功能和育人功能脱节、教学方法单一等。

上述存在的这些问题和挑战给思想政治理论课教学带来了严重的负面影响，制约了思想政治理论课功能和作用的发挥。解决上述问题和挑战急需在思想政治理论课的课堂构建上另辟蹊径，对传统课堂进行拓展和延伸，让学生能随时随地进行思想政治理论的自我教育和自我学习，在师生之间和生生之间的充分互动交流中自觉接受思想政治教育。微博本身强大的功能和作为思想政治理论课教学载体的独特优势为解决思想政治理论课面临的问题和挑战提供了路径选择。时代在发展，只有用更加开放的思维充分利用包括微博在内的网络资源对高校思想政治理论课教学进行改革和创新，才能让高校思想政治理论课成为充满活力，深受大学生喜爱的思想政治教育主阵地。

（三）微博运用于思想政治理论课教学符合党和国家教育教学改革的基本方针

当今时代，互联网的飞速发展和应用已经成为不可阻挡的世界性潮流。微博就是互联网发展中的一种新兴的网络文化形态。“微博的出现既是资讯高速流动时代的产物，更是互联网时代网络更加深入人心的一种表现。”思想政治理论课教学改革只有引入包括微博在内的网络文化力量才能真正取得实效。党的十七届六中全会指出：“加强网上思想文化阵地建设，是社会主义文化建设的迫切任务”。这充分体现了我党高度的文化自觉性和对信息化条件下把握文化发展趋势的准确性。2004 年，《中共中央国务院关于进一步加强和改进大学生思想政治教育的意见》指出，“思想政治教育工作者要积极探索新形势下大学生思想政治教育的新途径、新方法，体现时代性，把握规律性，富于创造性，增强实效性”。“要主动占领网络思想政治教育新阵地——形成网络思想政治教育工作体系，牢牢把握网络思想政治教育主动权。”《国家中长期教育改革和发展纲要（2010 – 2020）》也提出，要把把改革创新作为教育发展的强大动力，改革教育内容、方法、手段。

（四）微博运用于思想政治理论课教学能够传递正确的社会价值观和正能量

任何事物在特定时空条件下的作用和影响都要一分为二地看。微博既能传递正确的社会价值观和正能量，也能传递错误的社会价值观和负能量。微博对整个思想政治教育所形成负面影响也是显而易见的。如学生对于微博的过度痴迷会耽误学习和前途；微博中的低俗内容成分和“三毒信息”会对学生产生重要影响，造成思想行为上的偏差；微博里中西文化的交流和碰撞对思想政治教育也会产生冲击。但微博运用于思想政治理论课则会最大限度的传递正确的社会价值观和正能量。首先这是由思想政治理论课的使命和任务决定的，微博运用于思想政治理论课就是为了更有效地传递正确的社会价值观和正能量。其次，思想政治理论课教师是微博运用于思想政治理论课教学的操控者和和引导者，思想政治理论课教师能够对微博中的信息进行“过滤”，为正确社会价值观和正能量的传递保驾护航，弘扬真善美，抨击假恶丑。再次，微博中大学生“意见领袖”作用的发挥也有助于传播正确的社会价值观和正能量。大学生“意见领袖”是“依托个人魅力、品格、能力等自然形成的，是信息的加工者和发布者，同时也是特定范围内的舆论引导者。”这里就是要强调发挥朋辈之间的教育作用。最后，国家和社会需要传递正确的社会价值观和正能量，青年大学生是传递正确的社会价值观和正能量的中坚力量。无数微能量能够汇聚成社会发展、民族复兴的巨大能量。微能量在舆情引导和社会和谐中的作用是不可替代的。微博运用于思想政治理论课教学的过程中，任课教师不再是空洞的理论说教者，而是以平等的姿态成为学生的“博友”“粉丝”“听众”，在与学生的互动中分享生活中的琐碎小事、社会上的热点问题，潜移默化中传递了正确的社会价值观和正能量。微博的直播、转发和评论机制，能巧妙地将教育工作者的声音放大到社会空间，将个人的行为放大成为社会行为，并通过微博增强对学生的影响或扩大对学生的影响范围。

（五）微博运用于思想政治理论课教学能够及时把握学生最新的学习和思想动态

及时掌握学生的学习和思想动态是思想政治理论课取得实效的基础。只有学生接受老师，接受老师的教学思路和教学内容，才能真正喜欢和受教于课堂教学。但这一问题却长期困扰着高校思想政治理论课教师。传统的思想政治理论课教学往往更侧重于课堂说教和课余的个别沟通，仅局限于对问题学生的暂时性了解，并不能全面掌握学生的学习和思想动态。教学经验显示，思想政治理论课教师一旦与学生进行说教、面对面的沟通，学生出于各种顾虑和心理负担，或者出于逆反心理和对抗情绪，往往不能坦诚说出内心深处的真实想法。微博出现以后，极大地改变了以往思想政治理论课教学的被动局面。我们发现，很多大学生在微博世界里更愿意倾吐自己的真实想法，甚至那些平时沉默寡言的学生，在微博世界里也能畅所欲言。微博的一大功能就是即时沟通互动功能。在微博的世界里，思想政治理论课教师不再是严肃的课堂权威。教师以平等的“博友”身份关注学生微博，建立友好互粉关系而拉近和学生的距离。借助于微博，思想政治理论课教师可以从学生的生活学习的琐碎小事中倾听学生的心声，解决他们的困惑和难题，及时了解他们真实的学习和思想动态。微博为思想政治理论课师生进行信息传递、心灵对话、思想交流、观念碰撞提供了便利。师生间以平等的“博友”身份进行情感倾诉、宣泄和交流。这种形式能帮助学生及时排遣消极情绪，释放心理压力，同时深入领会思想政治理论课教学内容。

二、微博运用于思想政治理论课教学的探索与实践

对于微博在思想政治理论课教学中的运用，广大高校思想政治理论课一线教师和学界同仁进行了积极的探索和实践。概括来说可资借鉴的做法有：

（一）创建微博课堂

微博课堂指的是教师在实施正式课堂教学之前，通过微博与学生交流互动的虚拟课堂。由于微博是文字、图片、视频、画面等多种表现形式的结合体，具有很强的渗透力和吸引力，因此是思想政治理论课教师通过建立微博群、班级微博等虚拟平台，搭建起以信息发布、主题探讨、疑难解答、心得分享为主要内容的具有互动、互学、互助等特性的学习载体。

微博课堂的创建实际上搭建了以往其他教学模式不可比拟的“情境”，克服了传统课堂教学中学生由于畏惧和羞涩等心理造成的不愿积极参与

互动的状况。微博课堂教学中，学习"情境"通过即时传达文字、图像、声音、视频等多媒体信息来搭建。学习者通过电脑、手机等多种电子终端设备访问并体验微博课堂中的"情境"。一个更加生动并接近于现实的学习"情境"将更加有效地吸引学生融入课堂教学，从而为知识的学习提供必要的前提条件。微博课堂形式多样，是正式课堂教学的必要补充。微博课堂充分融合了多种多媒体信息，搭建了一个信息即时传送平台，将思想政治教育信息有效传递给大学生。由于移动互网的便利性，教师通过微博提供的开放式互动平台，能够实现与大学生的实时互动和及时指导，能有效的发挥思想政治教育的疏通、引导和教育作用，增强思想政治理论课教学的实效性和影响力。

需要说明的是微博课堂也有一定的局限。比如如何清晰界定微博讨论主题的范围和要求，防止主题的泛化和偏题；如何应对和处理任课教师事前无法预测、无法了解的突发状况；如何解决由于微博的字数限制而导致的微博课堂话题讨论无法在深度和广度上深入的问题。因此，微博课堂的应用需要根据授课课程性质、授课课程内容、授课方式、授课人数及学生对讨论主题的熟悉程度等因素确定，以便更加有效地增强思想政治理论课教育教学的说服力和感染力。

（二）微博互动式教学法的运用

微博互动式教学法就是在教师的组织引导下把微博这一即时网络通信工具引入教学过程中，运用微博的发布、评论、回复等功能提出问题、分析问题、解决问题，形成师生互动，从而引导学生树立正确的世界观、价值观，形成以网络文化为阵地的新形式教学辅助方法。互动式教学法是目前较为流行的思想政治理论课教学模式，在以往传统的课堂教学中也经常被采用。但从实际操作层面上看，这种模式在开展上还存在诸多难题，往往理论和实际背离。究其原因，一是把"互动"局限于传统课堂的固有思维；二是缺少某种可以支撑的平台。微博的出现较好的解决了这些难题。微博互动式教学以流行元素开展师生互动、生生互动，学生在亲历的过程中理解并建构知识、发展能力、产生情感、生成意义，对提高思想政治理论课教学的实效性，提高学生的综合素质都有莫大的作用。

微博互动式教学中的互动是全方位的互动，教师和学生都参与其中，贯穿课前课中课后的全过程。当然这一教学模式开展的前提是任课教师要建立一个专门的微博账号，要求所有参与课程的学生都开通一个新的微博账号参与到课堂教学的过程中来。课前互动是微博互动式教学的引导阶段。在这个阶段，任课教师把教学内容专题化，确定好每个专题的主题，同时要结合教学内容寻找和收集微博热点事件，提出相应的问题，引导学生开展初步的讨论，这个讨论要延伸到课中和课后互动中去。课中互动环节是微博互动式教学的关键阶段。这个阶段就是在课前话题讨论和教师点评的基础上运用无线网络平台在课堂上针对教学内容进行互动。教师在课堂上要进行总结，归纳学生在微博上分享的有代表性的观点和学生讨论的焦点，要把归纳的结果引导到教学专题的主题上来，系统评价学生的观点和讨论，引导学生思考的方向。课后互动环节是微博互动式教学的补充阶段。在这一阶段要针对教学内容和前期的讨论和总结给学生布置话题式作业，学生在微博上完成，教师在微博上批改。在这个过程中，教师要进一步引导学生的话题讨论，扩大生生之间的讨论交流，让同龄人教育同龄人。同时要依托微博中的微盘等共享平台把相关的教学和讨论的资源进行共享，突出情感分享与教育。最后教师要及时对课堂教学进行总结发布，增强思想政治理论课教学的感染力。

（三）基于微博平台的主题探究教学模式的运用

主题探究教学模式是一种将“主题性”和“探究性”紧密结合起来的教学模式，是一种通过教育者在整合整个教材体系、深挖教材资源的基础上，预设教学主题引导学生开展自主探究，以此来深化学生对所学知识的理解和把握的教学模式。主题探究教学模式旨在通过学生在团队合作的基础上达到自主探究、自主学习、自主实践，充分发挥学生的主体性，促进学生对所学理论知识的把握和理解，增强他们的主体意识，最终达到学生知识、能力和素质的全面提升。“探究式学习”最早由美国芝加哥大学施瓦布教授在1964年首先提出并阐述。上个世纪80年代以来“探究式学习”理念日益受到各国教育界的重视。随着信息化技术的快速发展，基于微博平台的主题探究教学模式应运而生。

基于微博平台的主题探究教学模式包括选题、教学组织、教学过程、教学评价、课程考核等几个部分。选题方面一定要有针对性，一定要紧贴课程目标和教学内容进行设置，以免课程教学流于形式，不能达到课程的教学目标。教学组织方面由于目前各高校的思想政治理论课一般采取100人左右的大班授课，因此要对学生进行分组，每组以6－10人为宜，要选出组长。教师要和组长密切沟通，保证全体学生都保质保量的参加探究学习。教学过程方面包括教师发布研究主题、学生课下的探究实践和课堂研究成果展示三个环节。这是一个连贯的过程，也是基于微博的主题探究教学模式的关键部分。教学评价方面包括了教师对探究过程、成果展示的评价、也包括了学生的自我评价。课程考核方面学生的主题探究实践应该在总的课程考核中占有一定的比例。

基于微博平台的主题探究教学模式充分利用了微博准入门槛低、受众广、交互性强的特点。要充分发挥这一教学模式的优势，思想政治理论课教师必须用心经营好自己的教学微博，吸引学生的关注和积极参与。这一模式虽然主要由学生自主完成，并不意味着教师主导性削弱，恰恰相反，教师是整个教学过程的组织者、参与者和指导者。同时，这一教学模式是在学生掌握了一定思想政治理论的基础上展开的，是思想政治理论课课堂讲授的辅助手段。因此，思想政治理论课教师课堂理论讲授是不能消减的，教师也不能把整个课堂教学学时都交给学生。

三、微博运用于思想政治理论课教学的启示与思考

伴随着科学技术的发展，微博的运用成为思想政治理论课信息化教学的一个全新的视角。对此，广大思想政治理论课教师和专家学者进行了积

极的探索和实践，从中我们可以得出以下几点启示和思考：

（一）微博运用于思想政治理论课教学任重道远

较之传统的思想政治理论课教学，微博运用于思想政治理论课教学打破了原有课堂教学的时空限制，可以在课前、课中、课后进行，可以创造无所不在的学习环境，提供丰富多样的教学资源和个性化的学习支持，使学习者能够随时随地随需开展学习，培养了大学生利用信息技术学习的良好习惯，增强了大学生在网络环境下提出问题、分析问题和解决问题的能力。如前所述，目前已经有同行和学者进行了这方面的探索和和实践。这些工作为进一步研究微博在思想政治理论课教学中的应用打下了坚实的基础。但实事求是地说，目前对于微博运用于思想政治理论课信息化教学问题的研究更多局限于理论层面的思考，对于如何把微博具体运用到思想政治理论课实际教学的具体实践还不多，还没有形成显著地可以全面推广的理论和实践成果。因此，微博运用于思想政治理论课信息化教学仍然是一个任重道远的过程。

（二）微博运用于思想政治理论课信息化教学要从教学实际出发

思想政治理论课信息化教学是思想政治理论课教育教学改革的潮流和方向，但这不等于说教学实现信息化就是教学手段的主流，更不是全部。微博作为信息化发展的产物运用于思想政治理论课也是如此。微博运用于思想政治理论课信息化教学从教学实际出发有三个层面的要求：一是形式和内容要一致，不能搞“两张皮”。任何形式都是为内容服务的，微博运用于思想政治理论课必须从教学内容和教学的实际需要进行设计，不能为了信息化而信息化；二是要处理好和传统教学手段的关系。微博等信息化手段在思想政治理论课教学中的运用，不是要彻底摒弃传统教学手段，而是要取长补短。传统教学手段中有许多在今天还可以继续用，对于适合教学实际的一些传统手段还必须充分运用；三是不能将深刻严肃的内容肤浅化和娱乐化。微博运用于思想政治理论课教学以其集文字、图片、影视动画、视频、声音等表现方式使学生感到生动有趣。但思想政治理论课中有许多内容是相对比较深刻和严肃的，对此既要调动学生的学习积极性，又要注意避免将深刻严肃的内容肤浅化和娱乐化，要把握好“度”的问题。微博运用于思想政治理论课教学要把握运用时机，用在当用之时，这样才能强化教学效果，凸显自身优势。一般是在学生学习淡化之时，思维抑制之时，突破难点之时，阐述重点之时，创设情景之时，归纳总结之时。

（三）微博运用于思想政治理论课教学要提高教师信息化素养

高校思想政治理论课教师的信息化素养是教师个体根据社会信息环境及其发展要求所应具备的信息品质、信息知识与信息能力，主要包括信息检索与处理能力、网络学习能力、网络交流协作能力、网络课程实际能力、网络教学的组织实施能力。当前高校思想政治理论课教师的信息化素养是思想政治理论课教师基本素质构成的一个空白点。教育行政主管部门有责任建立相应的标准并进行相应的培训。当然，广大思想政治理论课教师也应当做个有心人，增强责任感和使命感与紧迫感，克服畏难情绪，迎接新挑战、学习新知识、掌握新技术，充分认识到自己在信息化教学中的重要作用，不断提高信息化素养，使自己尽快成为这方面的行家里手。只有这样，才能紧握时代脉搏，跟上时代潮流。在运用微博等信息化手段开展思想政治理论课教学中，教师对学生的影响和作用不仅体现在课堂上，而且体现在复杂多样的社会生活和职业生活中，甚至会贯穿学生的一生。微博运用于思想政治理论课教学强调以学生为中心，重视学生的“学”，但这并不意味着不重视教师的“教”，更不意味着教师作用的淡化。实际上，在信息化教学背景下对教师的“教”提出了更高的要求，对教师的综合素质和业务能力提出了更多考验。

参考文献

[1] 季岐卫，刘运全，翟青等. 网络环境中的高校隐形思想政治教育策略研究[J]. 思想政治教育研究，2012(6).

[2] 刘祖清，何平. 借助微博拓展大学生思想政治教育[J]. 产业与科技论坛，2010(9).

[3] 中共温州市委党校课题组. “微博课堂”在中青年干部培训中的实践与探索——温州市委党校主体班教学改革创新的新探索[J]. 理论建设，2013(1).

[4] 顾佳滨. 微博互动式教学在高职思想政治理论课中的运用[J]. 职业教育研究，2013(9).

[5] 张丹丹. 基于微博平台的思想政治理论课主题探究模式的构建[J]. 世纪桥，2013(9).

[6] 范军. “05 方案”实施以来高校思想政治理论课信息化建设探索[J]. 思想理论教育导刊，2013(5).

第七章

基于学生主体性发展的思政课教学方法探索与实践

一、思政课教学方法改革基于学生主体性发展的客观必然性

学生主体性是指学生在教育教学过程中所表现出的主观能动性等内在特性。思政课教学作为加强大学生思想政治教育的有效途径，其成效的发挥依赖于学生主体性的发展，离开学生主体性的发展，思政课教学的主导性就成了无源之水、无本之木，所做的任何努力和实践都不能产生实际效果，所以随着思政课教学方法改革的不断深入，立足学生根本需求，突出学生主体性的教学方法改革已成大势所趋。

二、基于学生主体性发展的思政课教学方法的理论基础

(一)有意义学习理论

有意义学习理论认为，学生是一个能动的主体，教学只有充分调动学

生学习的主动性，学习才是有意义的而不是机械的。当前思政课教学效果不佳的一个重要原因就是大学生对思政课不感兴趣，认为“学了没用”。这正是因为思政课的教学没有能够充分调动学生学习的主动性，吸引学生积极参与到教学过程中来。

（二）建构主义学习理论

建构主义学习理论认为，知识并不是通过教师传授得到的，而是学习者在一定的情境，借助他人的帮助，利用必要的学习资料，通过意义建构的方式而获得的。建构主义学习理论强调教学中要以学生为中心，较长时间以来，由于受传统观念的束缚，思政课教师采取“灌输”式方法教学，忽视了学生的主体性。所以为了更好地发挥思政课作为大学生思想政治教育的主阵地作用，必须充分调动学生的学习积极性，发挥其主体性作用，但思政课上学生主体性作用的发挥不是放任自流，而是通过新的教学方法激发主体意识、满足主体诉求、发展主体能力，打造思政课主体性课堂来实现的。

三、基于学生主体性发展的思政课教学方法的实践探索

近年来，高校思政课以提高学生的参与积极性、增强学生主体性的教学方法改革在不断开展，相关研究也比较丰富。笔者结合所在学校的教学实践中发现，思政课教学内容丰富，时间跨度较大，要想真正提升教学质量，发挥课堂上学生的主体作用。我们发现在整个教学过程中单一的使用某一种或两种教学方法很难实现其教学目的，必须结合实际授课内容和学生的实际情况，灵活选择综合运用正确的教学方法才能更好地发挥学生的主体作用，提高思政课教学效果。在教学实践中，项目驱动式教学法、情景式教学法、体验式教学法、对比式教学法、慕课式教学法、翻转式教学法等教学方法收效较好。

（一）项目驱动式教学法

项目驱动式教学法，是以项目驱动教学理念为指导，以具体的教学任务为载体，在指引学生完成项目任务的过程中激发学生自主学习的兴趣。近年来，在思政课教学中广泛采用的ISAS教学法就是项目驱动式教学法中的一个有效尝试。教师根据教学内容紧密结合社会热点、大学校园生活拟定题目供学生选择，6－8位同学自由组合成项目小组，齐心协力完成资料收集、查阅、汇总、整理及调研和课堂汇报。相较于传统的教学模式，ISAS教学法对师生有了重新的定位，即教师主导，学生主体（教师主导：目标导向和方法指导；学生主体：具体实施）。在学生具体实施的过程中可以更好的培养学生的团队协作能力、沟通交流能力、口头表达能力、资料的收集整理能力、独立思考和解决问题的能力，更好地实现从“要我学”到“我要学”再到“我会学”的重大突破。

（二）情景式教学法

情景式教学法是综合运用多种教学方法和手段，设置课堂教学情景，启发学生学习兴趣的一种开放式教学方法。常用的设置情景方法有社会热点导入法、设疑导入法、音乐导入法、影像图片导入法等。以讲授“爱国主义章节”为例。在课程导入环节中我们可以使用“万人观看升旗仪式”以及“少年中国强朗诵视频”等素材。当伴随着雄壮的义勇军进行曲，五星红旗冉冉升起的时候，当“少年智则国智，少年强则国强，少年进步则国进步”的朗诵声响起的时候，所有的同学会切身的感受到国家的荣耀与自己肩上的重任。学生通过情景的感召，有了不是旁观而是亲历的体验，更容易接受讲授内容。

（三）体验式教学法

所谓体验式教学是指以课堂教学、生活体验、参观考察、社会实践等活动为主要形式，以学生个体参与为特征，以学生亲身体验、直接感悟为主要内容所展开的教学活动。在教学实践中主要运用了“红色”现场体验式教学和社会实践体验式教学两种。每座城市都有着自己独特的气质，而长沙的气质就是“红色”。长沙有着丰富的红色历史资源，我们可以结合教材内容，因地制宜，确立现场教学点及教学主题。在历史发生地讲述历史，可以增强吸引力；在历史发生地点评历史，可以增强感染力；在历史发生地反思现实，可以增强震撼力。一堂课有时就是一次精神的洗礼。体验式教学法运用得当产生的教学效果是其余教学方法所不能比拟的。

(四)对比式教学法

对比式教学法就是要求教师在备课和授课的过程中，通过对课程内容进行古今中外的对比来加深学生对问题理解的深度和广度。比如，在讲授“社会主义改革开放理论”章节时，就可以运用对比法，先对比从古至今“开放”理念在中国以及世界上的变化，再让同学们来讲述自己家乡、自己家庭“改革开放”以来的变化。这样既贴近实际又便于学生参与，得到学生认同，达到教学效果。

(五)慕课式教学法

MOOC，即Massive Open Online Course(大规模在线开放课程)的英文简称，音译为慕课。慕课是一种运用网络技术开展的教学模式和学习行为，起源于远程教育和视频课程，是互联网与教育相融合的产物。慕课的成功主要得益于三项技术优势：“微课程”“小测验”和“实时解答”。在我们当前的传统大学教学中，尚难以全面开展慕课，而且思政课作为做“人的思想”的工作，也很难完全用慕课等形式来代替传统教学，但我们可以合理的借鉴慕课的一些技术优势来提高我们的教学效果。笔者在教学时就采用了在“微课程”中加入“小测验”的方式。笔者首先录制好微课，在微课中设置了一些问题，当碰到问题时就暂停视频，让学生讨论回答，教师现场答疑，当完全解决理解了这个问题，视频继续播放。这样一种新鲜的教学方法极大的激发了学生学习的激情和兴趣，最大限度地把学生的注意力吸引到课堂学习中来。

(六)翻转式教学法

翻转课堂是从英语“flipped class”翻译过来的术语。翻转课堂对传统教学过程进行了完全的颠覆，将知识传授由课堂上通过教师讲授来完成调整为课后学生通过信息技术的辅助来完成，将知识内化由课后通过学生完成作业、实践来实现调整为课堂上经教师的帮助与同学的协作来完成。翻转课堂教学模式改变了知识传递的线性路径，提升了学生学习的自主性，增加了课堂的互动性，有利于提高教学的实效性。但是基于思政课鲜明的政治性、思想性的课程实际，社会思潮的多样化，以及学生独立判断能力尚未完全形成等原因，这门课程不能实现完整意义上的翻转课堂，但这并不妨碍我们对翻转课堂教学模式中的某些有益特性进行有效借鉴。在思政课教学过程中，我们利用世界大学城空间平台推出“每课一聊”栏目，在课前教师提前布置好下次课的教学内容，鼓励学生在课后通过教师网上开设的教学资源平台，结合课本等资料提前进行自主学习。在此基础上，学生可以通过“每课一聊”栏目就课程内容提出问题，教师在线进行答复。同时，教师可以在课堂上对一些相对集中的疑问或问题进行针对性的解答或组织学生讨论，极大地提高了教学的针对性。

只要我们回归教学本源，不断“以学生为出发点和依归”改革思政课教学方法，不断与时俱进，就一定能够提高思政课教学的实效性和吸引力，帮助大学生成长成才，完成党和国家交予我们的任务。

参考文献

[1] 徐学福.论类比教学模式[J].广西师范大学学报(哲学社会科学版)，1998(6).

[2] 孙祯祥.创新教育与信息化教学[J].现代教育科学，2003(4).

[3] 顾晓英，黄子涵.基于主体性发展的“学生自授法”实验研究——以上海大学思政课为例[J].社科纵横，2013(3).

第八章

高校思想政治理论课教学中研究性学习的应用研究

思想政治理论课是高校思想政治工作的主渠道和主阵地，《中共中央宣传部教育部关于进一步加强和改进高等学校思想政治理论课的意见》(教社政[2005]5 号)明确提出：不断增强高校思想政治教育理论课教育教学的针对性、实效性和说服力、感染力，培养德智体全面发展的社会主义合格建设者和可靠接班人。2015 年《中央宣传部教育部关于印发〈普通高校思想政治理论课建设体系创新计划〉的通知》(教社科[2015]2 号)要求：改革教学方法，创新教学艺术，注重发挥教与学两个积极性，形成第一课堂与第二课堂、理论教学与实践教学、课堂教学与网络教学相互支撑的思想政治理论课教学体系。因此，深入研究高校思想政治理论课教学方法的改革与创新，激发学生参与的积极性与主动性，提升教学效果，帮助大学生更好的成长成才，具有十分重要的理论意义和现实意义。

一、研究性学习模式

20 世纪 90 年代以来，世界各国教育改革的步伐不断加快，纷纷出台了各种举措，其中都把改变学生的学习方式作为重要切入口。研究性学习作为一种以学生自主性探索学习方式为基础的课程在各个国家尤其是发达国家的教育中占据着重要的地位。在国外，研究性学习也被称为“探究性学习”或“基于项目的学习”，近年来我国学术界对研究性学习的探讨也日益深入。所谓研究性学习，指的是学生在教师指导下，结合自身的实际情况，选择不同的研究课题，以类似科学研究的方式主动获取知识、应用知识、解决问题的一种教学方式。

研究性学习作为高校思想政治理论课教学的一种新形式，更加突出学生的主体性地位，与以往教学方式相比，研究性学习不仅可以让学生深化对思想政治理论的认识和理解，更有利于培养学生观察和分析社会现实问题的能力、主动学习的能力、团队合作的能力。

二、开展研究性学习的必要性

（一）开展研究性学习有利于促进高校思想政治理论课教学改革，增强教学实效

高校思想政治理论课作为加强大学生思想政治教育的重要途径，其教育意义十分深远，它是党和国家培育合格接班人的保证。但长期以来，受社会环境、高校思想政治理论课传统教学模式等一些因素的影响，我国高校思想政治理论课教学效果普遍不容乐观。而研究性教学模式是以学生自主解决问题为中心，通过自已收集资料，用所学理论来分析问题和解决问题。通过研究性学习可以使学生主动获取直接经验，加深对知识的理解与认识，提高综合素质，并将科学理论内化为自身信念与修养。思想政治理论课研究性学习方式的运用，既顺应了课程改革的趋势，又突破了思想政治理论课传统教学模式的束缚，对增强思想政治理论课教学的实效性具有积极意义。

（二）开展研究性学习有利于调动学生学习的积极性和主动性，促进其全面发展

当代大学生关心时事政治，关心社会发展，渴望接触社会。研究性学习以问题为中心，这些问题既源于教材，又不拘泥于教材，还与现实紧密结合，比较符合大学生的心理需求，能够很好地调动学生学习的积极性和主动性。在高校思想政治理论课研究性学习中，学生在教师指导下有目的、有步骤去发现问题、分析问题和解决问题。通过研究性学习，学生可以理论联系实际，在实践中验证思想政治理论课学习的理论知识，增强自主学习的能力和创造能力。同时在学习的过程中逐步掌握科学研究的基本方法和步骤，学会搜集整理、归纳识别信息源，科学研究素养得以提高。研究性学习多以小组合作的形式展开，通过研究性学习学生的团队协作能力、沟通交流能力都得以提升，从而促进学生的全面发展。

（三）开展研究性学习有利于转变高校思想政治理论课教师教育观念，提升教学能力

思想政治理论课教师是加强和改进大学生思想政治教育的主要力量，不断提升自身的教学能力，对增强思想政治理论课的吸引力和实效性具有重要意义。高校思想政治理论课教学中开展研究性学习，是以学生的学习活动为中心，教师为其提供帮助和指导，教师的角色发生了很大变化，对教师的课堂控制与驾驭能力提出了更高的要求，要顺利实现这一转变，教师就得及时更新教育理念，树立全面教育、创新教育的理念；同时要不断提升自己的专业知识水平，准确把握课程体系，将研究性学习内容融入整个教学体系中，做到“万变不离其宗”；要不断优化自身的知识结构，密切关注学术前沿和社会重大现实问题，提高自身的教学科研水平；要遵循教育发展的规律，自觉认识学生的知识背景、思维水平、兴趣爱好等情况，有的放矢通过研究性教学活动，培养学生内在的素质和思想行为的能力。

(四)开展研究性学习有利于培养创新型人才，建设创新型国家

创新是历史进步的动力、时代发展的关键，位居“五大发展理念”之首。提高自主创新能力，建设创新型国家是国家发展战略的核心，是提高综合国力的关键。发挥创新作为引领发展第一动力的功能作用，归根结底依靠上下同心、全社会一起努力。大学生作为国家的未来，民族的希望，是建设创新型国家的重要力量。在高校思想政治理论课教学中开展研究性学习，通过学生自主分析问题、创造性地解决问题，能帮助其树立创新的意识，发挥创新的潜能、提升创新的能力，成为建设创新型国家的重要推动力量。

三、开展研究性学习的保障条件

高校思想政治理论课教学中开展研究性学习能否顺利进行并取得较好的教学效果取决于诸多因素，通过在教学过程中的实际开展，笔者发现其中基本的保障条件有以下三个方面。

(一)建立上下联动机制

在高校思想政治理论课教学中开展研究性学习要想获得成功，仅靠单个教师的个人努力是难以办到的，必须上下一盘棋，建立联动机制。首先，学校党委、行政要高度重视，高度认可研究性学习的重要意义，研究性学习的有效开展会对传统的思想政治理论课教学模式带来一定的冲击，如果得不到学校的认可是很难有效开展的。其次，相关管理部门与思政课部应出台相关规章制度，规范研究性学习的开展。再次，开展研究性学习会使教师在课堂教学外的工作量大量增加，教师工作量的计算，教学质量的衡量均需要教学管理部门进行认定。最后，学生的动力问题。开展研究性学习，学生在课堂外需根据研究的问题继续深入学习并展开调研，随着

学习过程中困难的增多，学生需要一些激励机制鼓舞其持续保持学习的热情，这也需要全校进行统筹。

（二）完善基本保障条件

在高校思想政治理论课教学中开展研究性学习需要丰富的学习资源和社会实践。现代教育信息技术为研究性学习的开展提供了有力的支撑，高校应加强校园网络建设、思想政治理论课在线学习平台建设、向学生开放“知网”等信息检索平台，让学生可以随时随地地有效学习。社会实践教学是高校思想政治理论课中开展研究性学习的重要环节和基本要求。高校须高度重视社会实践教学，保证学时到位、经费到位、基地建设到位，让社会实践教学成为学生思想政治理论课学习中的重要组成部分，使学生在实践中内化理论知识，提高辨别是非的能力和运用理论分析现实问题的综合能力，保障研究性学习的顺利开展。

（三）培养优秀教师队伍

研究性学习使教师从单纯的知识传递者转变为学习活动的组织者、参与者、指导者，对教师提出了更高的要求。高校应通过加强培训、加强学习、加强管理、提升教师待遇着力打造一支吃透教材，了解教学体系和教学内容；与时俱进，紧跟时代步伐，熟知当前社会发展进程中的热点问题；了解学生的特点和兴趣点，同时具备高度责任心和无私奉献精神的优秀思想政治理论课教师队伍，确保研究性学习的有效开展。

总之，高校思想政治理论课教学中开展研究性学习，有利于调动学生学习的积极性和主动性，帮助教师转变教育观念、提升教学能力，对提高思想政治理论课教学实效和建设创新型国家都有着积极意义。当前，我们需要积极解决高校思想政治理论课教学中开展研究性学习的制约因素，建立好相关保障条件，使之更好的发挥教学育人效果。

参考文献

[1] 魏晓文，郝连儒. 高校思想政治理论课开展研究性教学的价值与条件 [J]. 思想教育研究，2010(10).

[2] 张会军. 高校思想政治理论课中的研究性学习机制探讨 [J]. 云南社会主义学院学报，2013(4).

[3] 王芳. 高职院校思想政治理论课开展研究性学习亟待解决的几个问题 [J]. 科教文汇，2016(4).

第九章

高职学生职业道德教育融入思想政治理论课实践教学环节探索

高职院校思想政治理论课的教学目标，在总体上与普通高校的思想政治理论课的教学目标相同，即根据社会主义事业的需要，对青年学生进行系统的马克思主义理论教育和思想品德教育。但由于培养目标的差异，即高职教育的根本任务是培养拥护党的基本路线，适应生产、建设、管理、服务第一线需要的德、智、体等方面全面发展的应用型、技能型专门人才。因此，高职思想政治理论课的教学目标，应适应高职教育的特点，更注重思想品德教育中职业道德品行的培养，即对学生进行职业理想、职业责任、职业态度、职业纪律、职业技能、职业良心、职业作风和职业荣誉等意识和能力的培养和教育，使学生树立起爱岗敬业、团结协作、钻研业务、乐于奉献的意识。因此，高职院校思想政治理论课作为校内开展思想教育的主渠道和主阵地，需将职业道德教育作为高职院校思想政治教育的重要内容，并在教学的相关环节融入职业道德教育。

职业道德教育是一种养成教育，是在职业生活中积累、培养的过程。高职学生作为“准职业人”，除了在思想政治理论课课堂教学上学习相关的理论知识外，更应该在实践中得到锻炼和启发。因此，思想政治理论课实践教学环节在学生职业道德的养成过程中便显得格外重要。

思想政治理论课实践教学是寓教于“行”的教学方法，即通过引导学生有目的地参加各种实践活动，不断提高思想觉悟和认识能力，在改造客观世界的同时改造主观世界，同时也是在实践中不断将知识内化为行为习惯的过程。因此，实践教学在高职学生思想政治教育和职业道德教育中发挥着不可替代的重要作用。一般来说，由于思想政治理论课实践教学形式的多样性，因此最适宜将职业道德教育融入其中。思想政治理论课实践教学的主要形式有基地教育、校园文化教育、社会实践教育。不同类型的实践教学所发挥的教育功能各不相同，体现了教学形式的多样性与层次性。具体作如下探讨：

一、利用思想政治理论课教育基地，挖掘职业道德教育的丰富资源

基地教育，就是利用地方思想政治教育资源优势，建立校外德育教育基地，组织学生到基地参观学习，在现场接受思想政治理论教育，这是一种基于认识与感受的实践教学环节。

湖南有丰富的思想政治教育资源，可充分利用地方资源优势，挖掘湖南的人文景点中丰富的政治、历史和思想内涵，以拓展其储存的文化信息为契机，对大学生进行理想人格的引导和职业道德的培养。湖南人杰地灵，深得湖湘文化的精髓，在近代涌现出一代又一代的仁人志士，毛泽东、刘少奇、彭德怀、任弼时、雷锋是其中典型的代表人物。由学校定期组织，教师带领学生参观湖南第一师范纪念馆，刘少奇、彭德怀、任弼时的故居，雷锋纪念馆，能够使学生在探寻领袖和榜样事迹的同时，从他们身上汲取力量，感受一代伟人“问苍茫大地，谁主沉浮”的决心和勇气，领会“把有限的生命投入到无限的为人民服务中去”“做革命的螺丝钉”的奉献精神和职业品质。每位伟人的英雄事迹、动人故事不仅昭示着令世人景仰的人格力量，折射出思想光芒，而且传递着价值追求和职业理想。从他们身上，学生能感受到强烈的进取意识、奉献精神，从而激发追求新知、奋发进取

的学习热情，坚定立志成才、乐业奉献的职业品质。

职业道德品质和职业行为的养成教育是大学生思想政治教育的基础内容，是培养大学生成为合格“社会人”的基础工作，更是实现高职教育目标，完成高职教育任务，是培养具有强烈的职业精神和职业情感的新一代职业人的教育策略。高职院校通过思想政治理论课这种灵活、感性的基地参观性实践教学环节，结合课程内容，把课堂搬到教育基地，将爱国主义、集体主义和社会主义思想贯穿在教学活动中，能够使思想政治教育与职业道德教育相得益彰，更加生动和直观，具有启发性。另外，基地教育不容忽视的一个重要环节就是，教师现场引导和观后指导总结，以便学生巩固学习内容和感受。

二、结合高职校园文化的育人功能，营造职业道德教育良好氛围

校园文化，是一种具有时代特点的群体文化活动，是学校长期形成的并为师生所广泛认同的校园精神，以及培养这种精神所需文化环境的总和。校园文化以其内容的丰富性和开放性、主体的广泛性和形式的多样性，成为当今高校思想政治教育的一个重要手段，是思想政治理论课实践教学的必要补充和延伸，能够对大学生的世界观、人生观、价值观产生巨大影响。

大学校园文化的内涵十分丰富，高职院校作为培养一线应用型人才的高等学府，学生职业道德的培养在校园文化创建中占据重要地位，同时也是高职院校思想政治理论课实践教学环节重要的实践内容。职业道德就是同人们的职业活动紧密联系的，符合职业特点所要求的道德准则、道德情操与道德品质的总和，是从业人员在职业活动中的行为标准和要求，这构成了高职院校承担重要育人功能的校园文化的核心内涵和建设目标。

思想政治理论课实践性环节与校园文化的现实性结合主要在培养目标的文化定位、自我管理、自我服务等方面。校园文化熏陶是情感认同、

精神吸收、行为实践、制度保障的重要环节。高职院校应努力构建以职业道德教育内容为精神核心的高职校园文化，注重学生的自我教育、自我培养，这样更容易使学生把一定的道德要求内化为自身的需要，转化成自己的实际行动。高职院校的各种学生组织和自治团体可以在配合学校实施职业道德教育中发挥重要作用。如可通过树典型、创示范，评选“文明班集体”“文明之星”等活动，营造良好的道德教育氛围；也可依托学院开设的专业开展各类专业知识、技能大赛，创办学生服务社团等，使学生在提升专业水平、服务大众的同时，职业品质得到历练；各级学生“大学生志愿者”服务队公益组织等具有学院办学特色的学生团体在校内外开展志愿服务，传达丰富的职业道德理想。不同的高职院校有着不同的职业教育特点，因此，学校还可通过凸显独具特色的职业教育校园文化氛围，从精神和行动上让学生感受到职业道德教育的重要意义，培养学生热爱专业、服务他人、团队协作等职业品质，提升职业道德教育的质量，促进学生整体职业道德水平的提高。这也正是思想政治理论课实践教学所追求的目标。

三、开展思想政治理论课社会实践，促使职业道德教育水到渠成

社会实践是一种以社会生活为题材，以学生自觉能动参与为主要途径的实践教学环节，是思想政治理论课堂教学的有益延伸与必要补充，通过培养学生运用知识创造的能力、选择信息的能力、发现问题和解决问题的能力，以达到“受教育、长才干、作贡献”的目的。如果说参观教育基地是“知”的需要，校园文化熏陶是“意”的过程，那么开展社会实践体现的就是“行”的目的。

理论源于实践，理论只有与实践结合才能体现其科学价值。这是坚持理论与实际相结合的重要途径，是结合社会现实对学生进行思想政治教育的重要手段。在对新高职学生进行职业道德教育时，课堂上照本宣科地念教材、空洞地说教会使学生感到索然无味乃至反感，有目的的社会实践将弥补课堂讲授平面化带来的局限性。职业道德原则和规范都是从实践中

来、在实践中完善的，要让学生到社会这个真正的大课堂去实践，去磨炼，去汲取营养。学院可结合不同的专业建立“德育实践基地”，与“基地”建立长期合作关系，在思想政治理论课教师的指导下定期开展社会实践活动，将思想政治理论课实践教学课堂搬到相应的“基地”上。需要注意的是，学校应根据学生的专业和将来可能从事的职业有针对性地施教。如民政专业学生到街道办事处、居委会等民政机构，社工专业学生到福利院、孤儿院、社区等社会服务机构，康复专业学生到戒毒所、康复中心等医疗机构，电子系、计算机系学生到专门的工厂、企业等进行专业实践和顶岗实习等。教师带领学生开展实践，一方面可使学生在实践过程中独当一面，适应真实的职业环境，在工作实践中养成良好的职业习惯，另一方面有利于他们把这种规范内化为自身道德修养，转化为爱岗敬业的实际行动。通过这种实践教学环节，学生能够培养高尚的职业道德情操，树立起爱岗敬业、团结协作、钻研业务、乐于奉献的精神境界，并能在基层、服务第一线及艰苦条件下养成忠实工作的思想作风和能力，使他们毕业后能“下得去，留得住，干得好”。

此外，在社会实践中融入研究实践也是进行职业道德教育必要的教育环节。研究实践是指学生将所学理论知识用于分析实际问题的一种实践方法。思想政治理论课教师不仅通过课堂向学生传授基本的理论知识，还通过指导学生亲身开展社会实践，将有关职业道德的知识运用到实践中，完成学生对职业道德原则和内容由知到行的认知内化过程，从而提高学生对职业道德的认知水平和实践能力。具体来说，就是学生在教师的指导下，通过“三下乡”、志愿服务、公益活动等形式进行社会调研，进而提出问题，分析问题，解决问题。教师可事前有针对性选择一些学生感兴趣的，如爱岗敬业、诚实守信、奉献社会、团结互助、服务群众、办事公道等与职业道德内容相关的课题项目供学生选择研究；也可分年级、分专业指导选题，如服务行业可围绕服务意识、奉献意识，制造行业可针对质量安全、品质意识等问题进行调研。调查方式可以“单兵作战”独立完成，也可“联合作战”以小组为单位进行。在整个调研过程中，教师充当指导和辅助的角色，让学生充分深入到实践中寻找素材，收集资料，开展探究。最终以调查报告和专题论文的作业形式，作为此次社会实践的成果和总结，使得高职学生对职业道德的内涵，对自身将面对的行业规则有更进一步的理性思考和现实收获。

综上所述，高职院校的思想政治理论课应结合自身学院的办学特色和育人要求，在全面讲授理论知识的基础上，充分利用思想政治理论课实践教学环节对学生进行职业道德的现实性培养和渗透，从思想政治教育主渠道的层面丰富高职院校职业道德教育这一重要的德育内容，实现教育目标。

参考文献

[1] 柳礼泉.“两课”教学法研究与述评[M].长沙：湖南教育出版社，2000.

[2] 柳礼泉.大学思想政治理论课实践教学研究[M].长沙：湖南大学出版社，2006.

[3] 柳礼泉.政治理论课实践教学的形式[J].思想政治理论课教学，2007(3).

[4] 吕遂峰.高职学生职业道德教育有效途径探析[J].职业与教育，2005(18).

[5] 徐振鲁.大学校园文化德育功能的内涵探析[J].北京大学教育评论，2007(3).

第十章

传统思政教学向空间思政教学转变的动力机制分析

空间思政教学是相对传统思政教学而讲的，所谓传统思政教学，最初的表现形式为“黑板加粉笔”型，后来随着电脑技术的发展，多媒体教学开始广泛应用到了思政教学中，伴随着多媒体技术的出现，思政教师逐渐放弃了黑板，把上课的内容制作成精美的 PPT，用 PPT 代替了黑板加粉笔。随着社会的不断发展，教师所面临的教育对象从原来的 80 后转变成了 90 后，同时网络技术不断发展，单纯的 PPT 教学存在着信息量单一，无法时时和学生互动等缺点。信息技术的不断发展，教师所面对的教育对象不断变化，这些都对传统的思政教学提出了挑战，为了应对挑战，要求传统思政教学必须依托网络，实现空间思政教学，以迎合 90 后大学生的心理特点，方便教师教学及学生学习。

一、什么是空间思政教学

进入 21 世纪，在信息技术的推动下，互联网不断发展壮大，各种网站如雨后春笋般不断出现。在令人眼花缭乱的网站中，出现了一个国内规模最大的开放教育网站——世界大学城。世界大学城是一座虚拟的网络大学。它依托WEB2.0云计算技术，实行共建共管，实名管理，集合了国内许多高校各种优质的教育资源，以互助互学、交流分享为理念，促进了信息技术深度融入到教育的各个环节中，为个人及机构建立了一个功能强大的资源共享型交互式教育学习平台，实现了校校有平台，人人有空间。空间思政教学就是依托世界大学城来进行教学的。

空间思政教学是指教师把每次上课的教学内容“打碎”后传到自己的空间上，通过表格化教案超链接到自己的课程资源来进行课堂教学；通过设置群组讨论，动员学生在空间上和教师、学生就教学内容及社会热点问题进行广泛讨论；学生在空间上提交作业，在空间上进行考试，教师就学生的作业及考试在空间上进行批改及指导的一种教学过程和活动。这种教学活动即空间思政教学包括空间课堂教学、空间交流互动和空间作业及考试三种形式。

2010年，长沙民政学院开始在全校师生中推广使用世界大学城，全校所有师生均有属于自己的世界大学城的账号和密码，即每个人都有一个属于自己在世界大学城上的空间。在空间建设方面，我们先后经历了设计美化自己的空间，上传空间资源，创建自己的空间开放课程，使用空间授课与学生互动交流等几个阶段。所有师生均根据自己的所教所学及自己的兴趣爱好创建了左侧栏目，上传了课程资源，建立了群组讨论，并且通过更改空间背景、空间横幅、建立空间导航等进行了空间美化，从2011年上半年开始，我校每位教师都开始建立自己的空间资源开放课程，并且使用空间对学生进行授课、批改学生作业、进行考试等。

二、信息技术的发展是推动传统教学转向空间教学的外部动力

进入21世纪，世界发生了重大变化，全球化浪潮以势不可挡的姿势向各个国家和人民袭来，在全球化浪潮的冲击下，“世界变得越来越平坦”。全球化浪潮下以信息科技为标志的第三次科技革命给国家、社会、

人民的生活、思维观念等带来深刻的变化，在这场变革中，如果我们的思政教学还是遵循传统模式，不与时俱进，那就跟不上社会形势的发展。

事实上，在信息技术的推动下，思政教学也在不断改进和发展，思政教学的发展也经历了由以前传统的“黑板粉笔”型教学转向了多媒体技术教学型，再由多媒体技术教学型转向多媒体技术加网络思政教学型相结合。

和传统的“黑板加粉笔”型的思政教学相比，运用多媒体技术进行思政教学是教学发展上的革新，在多媒体技术的支持下，思政教师把每次上课的内容制作成精美的PPT，在原来文字的基础上，实现了动画、图片、音乐、视频的结合，大大丰富了思政课堂教学，吸引了学生的注意力，增强了课堂教学效果。

随着信息技术的不断发展，互联网开始走进了大学校园，网络改变了人们获取信息的方式，它突破了时空的限制，让人们足不出户即可知晓天下大事。互联网的出现及普及对传统思政教学提出了挑战。为了应对信息技术，尤其是互联网对思政教学的挑战，1999 年 1 月，教育部制定了《面向 21 世纪教育振兴行动计划》，在该计划中，教育部明确提出了“实施现代远程教育工程，形成开放式教育网络，构建终身学习体系”。2000 年 5 月，教育部高等教育司在《关于实施新世纪网络课程建设工程的通知》中提出，计划“用大约 2 年的时间，建设 200 门左右的基础性网络课程”。所以，思政教育必须占据网络这块主阵地，构建网络思政教育系统。在教育部的重视和支持下，一些高校开始申报思政网络精品课程，各个学校的思政部或马克思主义学院均开发了属于自己的网站。一时间，网络思政教育风生水起。但高潮过后，细心的教育者发现，当时纷纷建立起来的思政网络存在着许多缺陷，点击率并不高，并没有起到对广大大学生进行网络思政教育学习的效果，究其原因主要是因为目前众多的思想政治理论课网络课程的呈现方式主要还是通过文本和静态图像、PPT 讲稿、主讲教师的讲课录像等几部分内容的简单组合，以网页的形式呈现给学生，缺乏教学活动的精心组织和指导。同时思想政治理论网络课程并没有真正实现小组学习、协作学习，难以有效地激发学生的创新能力，使学生利用网络课程进行自主学习的效果大打折扣，同时，各个高校在构建自己的思政网络课程同时，缺乏统一的标准，网站的水平良莠不齐；有些学校的思政网络课程建好后并未及时更新和维护，网络课程内容明显滞后于教材更新的速度和社会形势的发展，甚至有时候会出现思政网络课程打不开的情况；这就导致了学生利用网络进行思政课程学习的积极性不高，思政网络课程缺乏人气，点击率不高的情况。

针对以上情况，有必要进行思政教学的改革，而世界大学城网站的出现给教师提供了契机。世界大学城依托先进的云计算技术，实现了信息的海量容纳，思政教师在获得世界大学城的账号后，就在世界大学城这个网站上有了一个属于自己的空间，在建设自己空间的过程中，由学校统一设立标准，保证了空间的规范化和统一化；教师利用空间对学生进行授课，保证了课程内容的时时更新；学生利用空间提交作业和进行考试，教师给以及时的点评，提高了网络空间的点击率，保证了人气；教师在空间上创建交流群组，通过设定一些学生感兴趣的社会热点问题进行交流，实现了小组学习和协作学习。所有这些优势克服了传统思政教学，尤其是网络思政教育方面的一些缺陷。

三、90 后大学生的特点是推动传统思政教学转向空间教学的内部动力机制

信息技术的不断发展推动了传统思政教学转向空间教学，同时，90 后大学生的特点也要求传统的思政教学转向空间教学。现在，90 后已经占据了各高校大学生的主流，90 后成长于世界经济全球化和文化多元化、竞争激烈化和我国改革开放不断深化，市场经济体制逐渐建立，社会主义事业不断向前推进，人们生活水平不断提高，新技术不断发展的大环境下。所以，90 后大学生打上了深深的时代烙印，他们自信、开放、时代感强、个性鲜明、主体意识强。在教育方式上，90 后们更加崇尚一种自由、多元

化的学习氛围，他们更愿意接受一种发散式的教育模式，而对各种形式与口号不屑一顾。而传统的思政教学，注重理论层面的灌输，体现为一种“灌输”式的或“填鸭”式的教育模式。在这种模式中，学生的主体性地位没有受到重视，积极性、主动性得不到调动和发挥。同时，90后也是网络的一代，读图的一代。笔者在对长沙民政学院学生拥有电子设备及上网情况的问卷调查中发现，学生的手机普及率已经达到了100%，其中80%的学生实现了手机上网，40%的学生拥有自己的电脑，55%的学生选择课余时间在宿舍或者到网吧上网。网络的方便性、快捷性、娱乐性深深影响了90后大学生，通过网络，他们丰富了知识，开阔了视野。但同时网络上各种信息良莠不齐，既有正面教育的，也有负面宣传的；既有红色内容的，也有黄色色情的；既有主流价值文化的，也有西方国家渗透宣传的非主流价值文化的。在纷繁复杂的网络信息面前，90后大学生很容易丧失自己的分辨能力。另外，90后大学生利用网络学习的少，打游戏的多；看新闻的少，娱乐的多。他们通常对网上长篇的文字不感兴趣，更喜欢选择看视频、图片、flash动漫等形式来了解新闻。通过网络“‘90后’一代在知识结构上的复杂和多样性远远超越了以前。信息量的极大丰富和创造力的提高，使得他们渴望成熟独立，希望能跟老师进行平等的交流，而不是被动接受单向的知识和观念灌输”。如何把在这样一种大环境下成长起来的90后大学生培养成为社会主义事业合格的建设者和接班人，思政教师责无旁贷。同时，对于90后大学生的思政教育体系，我们同样需要一番伟大的创新探索，需要去完成一次彻底的对于传统德育模式的转变。综上所述，90后大学生的时代特点要求传统思政教学转向空间思政教学。

通过空间思政教学，引导学生在上网时登陆世界大学城关注教师的空间，因为学生要想进行课前预习及课后复习，都必须浏览教师的空间。同时，教师在发布自己的课程资源时尽量多使用图片、视频、动画等形式，因为这些形式是90后大学生喜闻乐见、易于接受的，从而提高学生对教师空间的关注度和点击率。思政教师要求学生在空间上提交自己的课程作业，利用空间来进行考试，在交流群组里经常变化群组交流的主题，要求学生在空间交流群组里积极参与和发言，为了完成教师布置的这些任务，学生必然要在网上搜索相关资料，从而在无形中引导90后大学生在上网时多看正面主流信息，多关注社会热点问题和新闻，在潜移默化中完成了对90后大学生的思政教育。由于空间思政教学不受时间和空间的限制，学生只要利用电脑或者手机上网，就可登陆世界大学城进行自主学习，如此，在空间思政教学中，学生变被动为主动，教师变灌输为渗透，师生之间从单向交流变为双向互动，迎合了90后大学生的心理特点，满足了90后大学生的学习需求。

四、结语

空间思政教学相对于传统思政教学来说，是一场教学革命，而世界大学城网站的出现，为传统思政教学转向空间思政教学提供了平台。信息技术的不断发展推动传统思政教学转向空间教学，同时，90后大学生的时代特点也要求传统思政教学转向空间思政教学，空间思政教学让教师授课更加方便，课程资源更加丰富，让学生学习更加自由，学习形式更加多元。相信越来越多的高校都会加入到空间思政教学的革命中，90后的大学生也会因为空间思政教学的革命而受益。

参考文献

[1] 弗里德曼. 世界是平的[M]. 何帆、肖莹莹、郝正非译. 长沙：湖南科学技术出版社，2006(8).

[2] 何伟. 高校思想政治理论课网络课程建设问题与对策研究[J]，南宁职业技术学院学报，2010(2).

[3] 杨亚萍，李坡. “90后”大学生群体特征剖析及思想政治教育途径探索[J]，法制与社会，2010(1).

[4] 刘东伟，曹悦男. 网络时代90后大学生思想政治教育新途径[J]，科技资讯 2010(9).

第十一章

慕课背景下高校思政理论课教学模式创新的实践逻辑分析

慕课(MOOC：Massive Open Online Course)，即“大规模网络开放课程”。“慕课的强大优势不仅仅表现在在线课程的共享方面，更重要的是它在学习内容呈现方式上灵活多样，富有吸引力；在学习方式上更加适应数字化时代碎片化学习的特点，方便学习者自主选择。”正因为有如此强大的优势，慕课迅速发展壮大，“到 2013 年，全球最大的慕课平台 Coursera 的注册用户数已愈 500 万，开设课程超过 450 门，加盟院校 90 多所。”其发展迅猛之势，正触动中国传统教育的根基。面对这场新变革，高校思政理论课教学改革该何去何从呢？这个问题成为高校思政理论课教师迫切思考的问题。

一、慕课背景下高校思政理论课教学模式创新的实践起点

中国高等教育学会会长瞿振元曾指出，“面对异军突起的‘慕课’，我们的课堂教学、我们的教学方法手段必须改革！”为此，我们必须把握慕课所蕴含的教学模式的价值取向以及我国思想政治理论课运用网络平台创

新教学模式存在的问题，开启新的征途。

(一)把握慕课所蕴涵的教学模式的特点和价值取向

早在20世纪90年代，西方发达国家就开始重视教育信息化，加强教育信息化所需要的软、硬件基础设施建设，信息技术在课程教育教学中全面应用，提出了在线课程学习和学习评价机制。比较有借鉴价值的是以下三个：E-Learning Certification Standards(在线学习的认证标准)、A Framework for Pedagogical Evaluation of Virtual(虚拟学习的教育评价机制)、Quality On The Line(在线学习质量)。慕课是教育信息化发展的新阶段，在线课程发展的新形式，它的诞生与发展使开放教育从单纯的资源共享转变到课程与教学模式革新。目前基于慕课有两种主要的教学模式：学习者的自主学习模式与教师基于慕课所设计的翻转课堂模式。自主学习模式主要是指学习者根据自身需求，灵活安排学习时间，自主完成课程学习活动。翻转课堂模式主要是指教师把知识传授的过程放在课堂之前，把知识内化的过程放在课堂之中，便于师生间、生生间更多的沟通和交流的学习方式。这两种教学模式的核心都注重学生的“学”，反映了以学为本的价值取向，在师生关系方面注重“主导－主体”双主教学结构的建立。在信息交流方面，注重建立操作交互、信息交互、概念交互等多层次的教学交互模型。在信息技术应用方面，从注重“课外教学应用”转向“课内教学应用”，真正实现网络教学与课堂教学的融合。

(二)诊断我国高校思政理论课网络教学模式的不足

为了应对网络信息技术对高校思想政治理论课教育教学的挑战，高校思政教育工作者主动占领网络阵地，建构思想政治理论课教学模式。一些学者提出了基于网络的“三位一体”教学模式、“全网络课程”教学模式等。一些高校经过自身的实践探索，推出了成功的网络教学模式，例如复旦大学的混合式大规模开放在线教学模式、广东轻工职业技术学院的“研练式”教学模式、长沙民政学院的基于互联网云平台的空间教学模式等。跟西方“重学轻教”截然不同的是，我国教学受传统的师道尊严影响，一直都“重教轻学”，把教师摆到了一个最根本和关键的位置，忽略学生的主体地位和决定性作用。同时，网络教学与课堂教学条块分割严重，融合性、联动性比较差。因此，进行高校思想政治理论课教学模式创新，必须吸收慕课教学模式的精髓，一方面坚持学教并重的教学理念，发挥学生的主体性，从而实现“学生有效参与”。另一方面探索网络教学在课堂教学中的应用，建设开放性的、双主体的、交互教学模式，这是我们创新高校思政理论课教学模式的新起点。

二、慕课背景下高校思政理论课教学模式创新的实践旨归

教学模式是指在一定的教育教学理念指导下，在某种教学环境和资源的支持下，教学活动诸要素依据一定教学目标、教学内容及学生认识特点所形成的一种稳定的教学组合方式或教学结构。因此，任何一种教学模式的创新都是为了有效教学，实现课程目标。高校思政理论课教学模式的创新是为了使社会所要求的思想、道德内化为学生的世界观、人生观、价值观、道德观，从而使学生养成良好的道德品质和健全人格。这是思政理论课教学模式创新的最终旨归。但当高校思政理论课教学发展到慕课时代，其教学理念、教学客体、教学环体、教学介体等发生了改变，这就要求我们随之转变观念。

(一)建立交流、协作的教学理念

教学模式的创新是受一定的教育教学理念指导的，因此随时代不断变化的教育教学理念的更新势必带来教学模式的不断创新。信息化时代，知识更新速度加快、社会分工越来越细，这要求今天的大学生树立终身学习理念，学会学习、学会交流沟通和团队协作，以提高学生的实践能力、创造能力和社会适应能力。慕课的学习文化理念就是交流、协作，这也理应

成为思想政治理论课教学模式创新的理念，实现个体学习、协作学习和团队学习。

（二）建立教育信息技术与课程整合的观念

教育信息技术与课程整合是课程信息化的核心。教育信息技术与思政理论课的整合不仅仅是在课堂中使用多媒体、开放精品资源，“而是强调要利用信息技术来营造一种新型的教学环境，该环境应能支持实现情境创设、启发思考、信息获取、资源共享、多重交互、自主探究、协作学习等多方面要求的教学方式与学习方式——也就是实现一种既能发挥教师主导作用又能充分体现学生主体地位的以‘自主、探究、合作’为特征的教学方式。”注意营造信息化教学环境、实现新型教与学方式、变革传统教学结构。

（三）网络教学与课堂教学优势互补观念

目前，慕课平台 Coursera 采取了配合社会规则的策略——学习者只要支付 30－100 美元，就可以获得由知名大学认证的线上课程。不仅如此，在美国，不少高校开始认可学生在慕课上修得的学分。然而，这种完全依赖学生自主学习的方式并不适合思政理论课教学。这是因为思政理论课不是进行简单的知识性学习，“在认同率和实用性方面，这种接受与科学认识成果的接受相比，有更大的难度”。故思政理论课教学不能完全依托网上教育从而减少课堂实际教学课时。思政理论课教师需线上教学与线下教学相结合，实现两个课堂的融合，以提高思政理论课教学实效性。

（四）树立大数据观念

很长一段时间以来，由于缺乏数据支撑，思政理论课教学的有效性、科学性很让人质疑。而慕课学习过程中不仅要观看视频和回答问题，学习者还要利用社会网络、论坛、博客与教师和他人进行交互，从而留下了又长又多(Long and rich)的数据“痕迹”。面对慕课教学平台留下的海量学习行为数据，高校思政理论课教师完全可以“对学习者所产生的大范围数据中的‘隐含意义’进行挖掘，为评估学术过程、预测未来表现和发现潜在问题提供服务。”

三、慕课背景下高校思政理论课教学模式创新的实践逻辑路径

如上所述，慕课背景下高校思想政治理论课教学模式创新在于建立“主导－主体相结合”的教学结构，注重网络信息技术在“课内教学应用”，从而增加课堂的深度和思想的厚度，实现学生认知体系的建构。这都离不开以学生问题链与教学问题链相对接的“微课”资源体系的制作、操作性强的混合教学交互策略的采用等。当然，这些都建立在在线技术服务的基础上，它使组织学生参与线上讨论、学习，使网上作业评价、反馈，课程考核等成为可能。

（一）制作精致化的“微课”资源

精致化的微课视频资源是慕课的突出特色之一，也是进行网络教学的前提条件。因此，高校思想政治理论课要实现在线开放教学，前提就是制作微课视频资源。制作微课视频资源注意把握以下四点：第一，微课资源的来源可以多渠道化。既可以是本校同行录制的视频，也可以是引进校外甚至国外名家、名师的精彩短视频资源。第二，微课资源的内容应适应和超越学生需求。需要是人的本性，“任何人如果不同时为了自己的某种需要和为了需要的器官做事，他就什么也不能做。”因此，在录制的微课资源要满足学生需求。同时，又要有所超越，否则就会使资源庸俗化而无法实现思政理论课的育人功能。第三，微课资源的形式要短小精悍。微课视频时间控制在5－15分钟为宜。因此，思政理论课教师在录制视频时一方面要注意把握重点、难点、疑点、困点，另一方面要合理控制时间。第四，微课资源的重点在于塑造情景。高校思政理论课的主要任务不仅仅是传授

马克思主义理论知识，更重要的是帮助大学生树立正确的世界观、人生观、价值观，实现其认知、情感、态度、思想的转变。没有具体的情景设置、师生间情感的交流是很难实现的。故思政理论课教师在制作微课视频资源时其侧重点不是设置知识测验，检查学生掌握知识的情况，而是设置模拟情景，让学生“身临其境”，实现思想的转变。

（二）创建学习共同体

要创新教学模式，实现大规模开放在线学习，就要创新学习方式，组建学习共同体，实现个体学习、协作学习和团队学习的统一。而所谓“学习共同体是指由学习者、教师、专家等组成，为完成一定的学习任务，彼此在学习过程中沟通、交流、分享各种学习资源，共同完成某些学习任务的学习团体。”网络学习共同体是指基于网络不同的学习者和助学者（主要是指教师）共同构成的交互、协作的学习团体。

为了创建学习共同体，一方面，转变思政理论课教师的角色定位。思政理论课教师不再是高高在上的“说教者”，而是学生学习的指导者、引路人，启发学生实现“四同”，即同步起跑、同步思考、同步研讨、同步提高。另一方面，管理学生团队合作学习。在思想政治理论课学习之初，教师对学生分组，分成若干学习团队。平时日常小组团队学习实行小组长负责制。

（三）运行交互式教学策略

“教学策略是指在教学目标确定以后，根据一定的教学任务和学生的特征，有针对性地选择与组合有关的教学内容、教学组织形式、教学方法和技术，以便形成具有效率意义的特定的教学方案。”教学交互的本质是学习者为了能对学习内容产生正确的意义建构而与学习环境之间展开相互交流，并与之相互作用。教学交互的形式包括学习者与学习内容的交互，也包括学习者之间、学习者与助学者之间的人际交互。学习者与学习内容的交互主要包括学习者与学习资源库之间的双向交互。而学习者之间、学习者与助学者之间的交互主要包括讨论、辩论、资源共享等。因此，思想政治理论课教师可以广泛应用网络平台和课堂物理空间进行交互：

一方面，充分利用网络平台进行交互。思政理论课教师可以充分利用网络平台和相关的技术支持，创建“热点新闻点评”“心灵对话”等栏目，与学生进行交流、讨论，了解彼此之间的思想动态等。另一方面，充分利用实体课堂进行交流展示。思政理论课教师可以在课前布置相关的选题项目，由不同的学习小组进行协作式探究。学习小组在经过集体的探讨和老师的指导后，对问题的思考结果在课堂中进行汇报，交流学习心得。这不仅锻练了学生的团队合作能力、创新能力、表达能力，还使学习被动的学生也能参与到课堂互动中来，更进一步实现了“开放、互动参与”。通过层层交互，最终实现由具体的操作交互到抽象的概念交互，转变思想观念。

（四）及时收集信息、评价反馈

在大数据理念的指导下，高校思政理论课教师要广泛收集信息。收集信息的渠道主要有两个：其一是课堂教学的信息反馈。思政理论课教师要充分利用课堂教学的机会，仔细观察课堂气氛、学生的精神状态搜集反馈信息。其二是网络信息反馈。慕课背景下的思政理论课教学都依托了一定的网络平台。在湖南高职院校中普遍依托世界大学城个人空间平台开展网络教学。这个平台目前可以自动统计教师资源的上传量、访问人数、点击量、学生评论、留言等。教师完全可以对此数据进行统计分析，获得反馈信息。思政理论课教师收集这方面的信息，一方面是为教师的教学评价提供数理依据。另一方面为学生的学习评价提供数理依据。学习评价作为学习系统的反馈调节机制，在学习与教学过程中起着重要作用。通过科学合理的评价，可以掌握学生的思想动态、激发学生学习的动力。

（五）健全和完善管理制度

为了保障思想政治理论课教学新模式的实施，必须有一套较为完善的教学管理制度。这套制度除了传统的常规的课堂教学检查制度之外，还要建立网上教学检查制度、教师工作量考评制度等。具体而言，网上教学检查制度包括思想政治理论课教师利用网络日常教学情况、网上批阅学生作业情况、网上与学生互动情况、网上指导学生学习情况等。教师工作量考评制度包括计算教师在网上指导学生学习、批阅作业、网上答疑、网上上传教学资源等工作量的问题。只有这些制度得以落实，才能激励教师持续使用网络进行教学。

四、结语

总而言之，在慕课背景下，高校思想政治理论课教学模式创新要注重教师为本和学生为本并重，调动两个积极性，建立“主导－主体相结合”的教学结构。注重信息技术与思想政治理论课的深层次结合，营造良好的教学情境，实现多层次的交互，最终实现大学生思想观念的转变，达到思想政治理论课教学目标。

参考文献

[1] 吴晶，郑黎. 面对“慕课”，我们必须改革！[EB/OL]. [2013－11－06]. http：// news. xinhuanet. com/edu/2013－11/06/c_125656323. htm.

[2] 魏顺平. 2013 年三大 MOOCs 机构最新进展[EB/OL]. [2013－12－01]. http：//library. crtvu. edu. cn/crtvul_ou_express/43. pdf.

[3] 曹继军，颜维琦. “慕课”来了，中国大学怎么办？[N]. 光明日报，[2013－07－16].

[4] 中国高等教育学会. 面对“慕课”，我们必须改革！[EB/OL]. [2013－12－14]. http：// news. xinhuanet. com/edu/2013－11/06/c_125656323. htm ，.

[5] 谢桂新，闫放. 网络环境下高校思想政治理论课教学模式创新研究[J]. 吉林省教育学院学报，2009(12).

[6] 王萍霞，肖华. 基于网络新媒体的高校思想政治理论课教学模式创新[J]. 牡丹江教育学院学报，2010(1).

[7] 教育部社科司. 关于公布 2013 年度高校思想政治理论课教学方法改革项目“择优推广计

划”入选项目和培育项目名单的通知[EB/OL].[2014-1-22].http://www.moe.gov.cn/publicfiles/business/htmlfiles/moe/A13_gggs/201401/163068.html.
[8] 何克抗.信息技术与课程深层次整合的理论与方法[J].电化教育研究，2005(1).
[9] 焦建利.MOOC：大学的机遇与挑战[J].中国教育网络，2013(4).
[10] 胡凯.思想政治教育过程的心理规律初探[J].思想理论教育导刊，2005(3).
[11] Nielson, B. MOOC Analytics. What corporate training can learn from big data[EB/OL].[2013-12-12].http://ezinearticles.com/?MOOC-Analytics:-What-Corporate-Training-Can-Learn-From-Big-Data&id=7778643.
[12] 贺斌.智慧学习：内涵、演进与趋向[J].电化教育研究，2013(11).
[13] 中央编译局.马克思恩格斯全集第一卷[M].北京：人民出版社，1972.
[14] 况姗芸.网络学习共同体的构建[J].开放教育研究，2005(8).
[15] 陶国富.实现转换 努力提高“思想道德修养与法律基础”课的有效性[J].教学研究与改革.2006(3).
[16] 教育部人事司.教育学考试大纲[M].北京：北京师范大学出版社，2002.
[17] 陈丽.远程学习的教学交互模型和教学交互层次塔[J].中国远程教育，2004(3).

空间交流互动篇

第一章

空间教学背景下思想政治理论课师生互动研究

世界大学城空间教学是依托世界大学城这个虚拟城市，以个人空间为基础，基于实名制进行的网络教学活动。2010年，我院开展世界大学城空间建设，要求教师使用空间教学。而如何进行世界大学城空间教学，特别是如何在空间教学的大背景下，促进思想政治理论课教学发展，使思想政治理论课成为学生喜爱、真正受益的课程则成为一个紧迫议题。本文试图作出一些探讨，促进我院思想政治理论课教学中的师生互动。

一、空间教学下思想政治理论课师生互动的新形式

在世界大学城空间教学背景下，既有传统的师生互动形式，又开辟了思想政治理论课师生互动的新形式。新出现的比较常用的互动形式有以下三种：

(一)留言评论

留言评论是最常见的交流方式。留言只需进入对方的展示空间，展示空间中下方有一个留言板可以给对方留言。评论也只需进入对方的展示

空间的某一资源处，在下方就有一评论框，写下自己的评论即可。这种互动方式贯穿于整个教学过程，也是师生最容易掌握、运用最多的互动形式。但因大学城的其他居民可以看到，而最无隐私性，也为一些学生所不喜爱。

（二）交流群组

创建交流群组进行交流互动。交流群组既可以建立班群组的方式，也可以通过建立课程群组的方式。群组的内容以可以设置为公开或半公开的形式。发表的群组主题内容既可以是课程作业，也可以是教学中的难点、社会热点等等，群组主题的发起人可以是老师亦可是学生。交流群组常见于作业完成和课程延伸性学习环节，由于多人同时参与，所以交流群组可算是交流互动中思想碰触最多、互动效果最好的方式。

（三）发送私信

除留言评论和交流群组外，还可以通过发私信进行交流。发私信既可以在自己空间的信息中心处发，也可以直接进入对方空间，点击头像下方的“发送私信”的方式进行。大学城居民一般都可以看到留言评论、交流群组的互动，而独发私信这种方式只有双方可以看到，所以发私信是最隐秘的交流方式。这种交流方式一般贯穿于疑难问题的解答以及师生间一些比较私人的话题等环节。

二、空间教学下思想政治理论课师生互动的特点

（一）广泛性

师生互动广泛性的表现：一是师生互动的人数非常广。传统的思想政治理论课教学中师生互动只限于教师同时与一个班学生以及本班学生间的互动。而在大学城空间里实现了教师随时与所教授的所有学生以及教

师所教授的所有学生间的互动（这种互动可见于课程交流群组中）；二是师生互动的内容非常广。在大学城空间老师和学生除了上传与课程有关的资料外，还会有自己的一些特色栏目。这些特色栏目涉及到培训、读书、电影、音乐、旅游、运动、美食、见闻、感想等等，范围很广，师生相互就这些主题发表自己的评论，进行互动，拉近彼此间的距离。

（二）全程性

在传统的思想政治理论课教学中，师生互动主要是在课堂中，但由于课程内容多、课时不够，师生互动的时间是有限的。而在大学城空间教学背景下，师生互动突破了原来的时空局限。教师可以随时把相关的资源上传至自己的空间，学生亦可随时自由进入教师空间获取信息。而且学生可就自己感兴趣的话题在空间随时发表自己的观点，教师可以随时进行点评。这样就突破了时空限制，延续了课堂，延长了师生共同进行自由探索的时间和空间，师生互动具有全程性的特点。

（三）多向性

由于受时空的限制，传统的思想政治理论课教学中的师生互动往往是“师教生受教”的单向模式，而且仅限于教师跟少数学生之间的交流。而在空间教学中，凭借先进的网络教学平台，教师和学生都可以将自己的资源或见解置于大学城空间中，供大家分享、学习和分析讨论。师生之间、学生之间可以通过“留言”“评价”“回复”，参与讨论、交流。这样，教学过程就变成了一个师生之间、生生之间多向互动的过程。

三、空间教学下思想政治理论课师生互动面临的新挑战

在空间教学背景下要实现师生互动，对教师的素养、学生的素质以及把教师和学生联系起来的大学城空间本身都提出了新的要求，面临新的

挑战。

(一)教师素养问题

在世界大学城这样全方位开放的空间进行教学，思想政治理论课教师要吸引学生浏览自己的空间、在空间释疑答惑，引导学生参与群组讨论，这无疑对教师素质提出了更高的要求。

1. 具有更深厚的知识功底和广博的知识视野

在实践中我们发现：思想政治理论课教师要提高自己空间学生的访问率，在群组发起的主题能引起学生的共鸣，教师空间资源一定要有思想的深度和知识的广度，还要更加关注学生，真正了解学生所想的，所感兴趣的，思想政治课才能真正走入学生心灵。这就需要教师关注学生、关注社会，认真学习和研究新理论、新问题，不断优化自身的知识结构，提高自己的理论素养。

2. 掌握更多的现代教育技术手段

要实施空间互动教学，教师要搜集相关资料和信息积极备课，并且上传至空间变成学生学习的课程资源，必须自觉学习并熟练运用多媒体网络技术。例如学会屏录、截取视频、转换文件格式等。而且这些技术是不断更新的，这无疑要求教师要在术业有专攻的同时，掌握更多的现代教育技术。

3. 具有更充沛的精力

一方面，教师要结合课程内容和学生的兴趣，不断调整更新教学内容，这使得教师在备课环节需要花费很大的精力。另一方面，在空间教学中，学生可以随时给教师留言、发私信、参与群组讨论、对资源进行评价，而且期望教师给予及时回复，教师要对每个学生的观点进行及时辅导、反馈，需要透支的精力比较大，因而教师的指导任务也是很重的。这无疑要求教师要有强健的体魄和旺盛的精力。

（二）学生素养问题

学生要成为大学城空间成功的互动者，受其多方面因素的影响，本人认为主要受其学习能力、参与能力和思想政治理论课因为其特殊的政治性，还要求学生有较高的政治素养。

1. 学习能力

学生要有所感和有所疑，前提是学生根据教师的要求和自己的兴趣到空间学习和浏览了相关的课程资料和资源。而且与传统思想政治理论课堂教学相比，空间学习中学生的最大不同是具有很大的自主性和自由度，他可以选择何时、何地、以何种方式来学习。为了取得良好的互动效果，需要学生提高自主学习能力。而在调查中我们发现，这刚好是某些学生所缺乏的，只有40%的学生会自觉到空间学习，只有76.2%的学生会及时完成老师布置的作业。

2. 参与能力

在调查中我们发现，学生参与空间互动的程度是不同的，只有26%的学生经常参与互动，更多的学生只是阅读浏览别人的空间、群组而很少参与讨论。之所以出现这样的现象是多方面因素作用的结果，主要和学生的参与能力有很大关系。这种参与能力包括交往能力、语言表达能力、合作能力等等。而且因为大学城空间互动是一种人——机——人的互动，与现实中的课堂互动不一样，师生间见不到对方，这无疑对学生的参与意识和参与能力提出了更高的要求。

3. 政治素养

思想政治理论课往往涉及到一些社会热点问题，而部分青年大学生容易激动，对社会中的一些现象的评价容易走极端。因此在大学城空间这种自由度很高的领域进行互动，对学生的政治素养要求是很高的，学生要具有一定的思想觉悟和思辨能力，把握住思想底线，在重大问题上一定要和党中央保持一致。如何不偏离这个方向，这无疑是一个挑战。

（三）硬件环境问题

大学城空间教学背景下要实现思想政治理论课的教学互动，这无疑对大学城空间技术的完善和学校网络硬件的建设提出了更高的要求。

1. 大学城空间技术的完善

大学城空间技术本身的完善是思想政治理论课教学互动能顺利开展的有力保障。在调查中我们发现：学生之所以不喜欢用空间进行学习和交流互动，76.2%的学生认为网速太慢、有52.4%的学生认为保密性不强、52.6%的学生认为资源易丢失、31.5%的同学认为版权被盗严重。教师也反映出现空间上传资源速度慢、网页有时无法打开、资料无故丢失等问题，上传至空间的资源因为系统超负荷运转甚至崩溃等现象。师生无法利用空间进行互动交流，这无疑使师生对利用空间进行学习互动产生厌倦感，出现消极情绪。所以在大学城空间用户、资源激增的情况下，如何完善技术，使之正常运转，这是一个亟须解决的问题。

2. 学校网络硬件的建设

学校网络硬件水平亦是思想政治理论课教学互动能顺利开展的有力支撑。要运用大学城空间进行互动一个关键的问题就是解决电脑和网络普及的问题。对于教师而言，这已不是问题，教师基本上都已经人手一台电脑。然而对于学生特别是贫困生而言这个问题就比较明显。在调查中我们发现，只有23%的学生使用自己的电脑上网浏览空间，绝大部分的学生则要到网吧和学校机房上网浏览空间。对于任课老师要求学生到空间去自主学习、在空间完成作业、在交流群组参与讨论，这无疑额外增加了他们的一笔费用，这也是这部分学生对空间抵触的原因之一。所以，我院要解决这部分学生的上网问题，减少其费用的支出，这就需要加强我院的网络硬件建设。

四、空间教学下思想政治理论课师生互动问题的应对措施

为了迎接空间教学背景下思想政治理论课师生互动的挑战，我们需要加强“三个力度”：

(一)加强对教师的培养力度

针对大学城空间背景下对思想政治理论课教师的专业知识、现代教育技术和敬业精神的高要求，一方面要求教师能够加强自我学习，提升自己的理论素养和职业素养；另一方面就是学校要加大对教师的培养力度：一是加强对思想政治理论课教师现代教育技术、软件使用的培训。由于教学环境的改变和教学技术的不断变化，教师必须花大量的时间去学习。如果完全靠教师自己进行摸索，势必会影响教师对空间教学以及与学生进行互动的热情。因此要加强培训，从而提高教师对空间教学的兴趣；二是加强对思想政治理论课教师师生互动经验的交流。有许多因素决定空间教学效果的好坏，其中一项就是经验的积累。学院可以举办同行之间、不同专业间就如何利用空间进行师生互动经验的交流，相互学习，从而有效推动思想政治理论课教学中的师生互动。

(二)加强对学生的管理力度

加强对学生的管理力度主要是从以下两方面着手：一方面，学校要加强对空间的宣传力度，让学生明白空间是他们个人展示的舞台、学习的平台、交流的平台，鼓励学生与教师、同学在空间学习，探讨问题，使学生由排斥到接受到喜欢的转变；另一方面，学校要对学生进行法制教育，特别是宣传好国家关于加强互联网安全的决定，学习《网络安全法规》，并且通过相关的案例及相应的处罚对学生进行教育。

(三)加强对硬件的建设力度

加强对硬件的建设，一方面是学校要加大经费的投入，加强电脑机房的建设，解决学生特别是贫困学生无电脑、无网络而不能参与空间互动的问题；另一方面学校要及时进行空间技术软件的升级和空间言论的规范。例如进一步丰富和完善大学城空间师生互动模块，按照国家法律规定严格审查师生在空间发布的言论、出台空间守则要求师生对空间发布言论进行自我约束。

总而言之，空间教学是一种全新的教学方式，为广大师生提供了很好的教学环境，也提供了一个很好的交流平台。但是在实践过程中，也面临着很多挑战，还有待于不断探索、不断完善。只要思想政治理论课师生和学校共同努力，采取有力的应对措施，一定能够提高这门课程教学的针对性和实效性，使之达到新的水平。

参考文献

[1] 杨凤勇，宋宏伟，刘晖，陆静. 高校师生互动师德建设模式的研究与实践[J]. 河北师范大学学报，2010(7).

[2] 孟晓乐. 思想政治理论课师生互动教学模式探讨[J]. 教育与职业，2006(33).

[3] 杨新宇. 信息技术环境下政治课教学中师生互动空间的创设[J]. 教学与管理，2010(9).

[4] 赵永祥. 浅析网络教学的特点与模式[J]. 河套大学学报，2006(3).

[5] 徐红梅. 网络教学中的教与学[J]. 四川职业技术学院学报，2007(17).

第二章

云平台下思政课师生互动探析

一、云平台下思政课师生互动的内涵、特征和意义

（一）云平台下思政课师生互动的内涵

互动有广义和狭义之分，广义的互动是指一切物质存在物的相互作用与影响。通常所说的互动是相对狭义的互动，指在一定社会背景与具体情境下，人与人之间发生的各种形式、各种性质、各种程度的相互作用和影响。云平台下思政课师生互动特指在云平台空间下发生在思政课教师与学生之间，以及学生与学生之间的一切交互作用和影响，它是云平台下思政课师生各自人际互动系统中的一种形式。

（二）云平台下思政课师生互动的特征

云平台下思政课师生互动是发生在师生之间的人际关系，是一种交互作用和相互影响的过程，不是思政教师对学生或学生对思政教师的单向、线性的影响，而是师生间的双向、交互的影响，是一个链状、循环的连续过程，师生正是在这样一个连续的动态过程中不断交互作用和相互影响。云平台下思政课师生互动包括师生间的一切相互作用。师生互动的具体

情景是千变万化的，既可能是发生在有组织的空间作业、讨论中，也可能是发生在零散的私信、留言、评论、跟帖或在线聊天等交互中，其形式可以多种多样，内容也可能丰富多样。因此，云平台下思政课师生互动从本质上讲，是一个发生在多情景中的、具有多种形式、多种内容的互动体系。

（三）云平台下思政课师生互动的意义

思想政治教育是教育者与受教育者共同参与双向交往互动以受教育者形成一定的思想品德和政治素质为目标的教育实践过程。具体地说，就是教育者根据教学目标要求，通过教育者的教和受教育者的学相结合，发展受教育者的思想品德心理和政治意识，培养受教育者的思想品德能力和政治素养，从而形成教育对象一定的思想品德和政治素质的教育实践过程。思想政治教育过程是教育者与教育对象精神交往实践活动展开、延续、发展的过程。云平台思政课师生互动是重构思想政治课民主、互动的新平台，一方面有利于弥补面对面教育引起的一些局限性，如时间的限制、地点的限制，从而实现随时随地的交流；另一方面有利于学生互助学习，互动话题、共享学习资源。老师的答疑解惑为学生们开辟了一个互助学习的另类课堂，拓展了学生视野，可以达到取长补短的目的；最后有利于增强师生、生生之间的感情交流，达到亲其师、信其道的教学效果。

二、云平台下思政课师生互动现状

（一）师生对云平台下师生互动重视不够，参与度不高

良好的交互环境需要师生双方的努力。教师需要运用交互策略，对交互活动进行设计，对学生的活动进行指导监控和评价，以维持较高水平的交互活动。学生则需要通过积极提问和反馈参与交互。因此在云平台教学交互中教师和学生都应发挥关键的作用。各高校利用云平台进行教学已经4年有余，但是部分教师和学生对平台利用不高，对各自在平台中的

角色认识不准确，在互动过程中也难以发挥关键性的作用。部分老师对网络互动认识不充分，对利用交互工具构建协作学习环境、开展协作学习缺乏具体计划和实施措施。部分学生对活动不够重视，在互动中完全处于被动状态，没有积极主动参与到互动中的意识和行为。

（二）现有的网络师生互动形式单一，多向主体的互动缺乏

从思想政治课的特点与当前学生的实际来看，思想政治课教师必须以网络手段，以材料为依据，以知识为基础，以能力为重点，以方法为核心，进行有效的师生互动，以达到提高学生思想和政治觉悟的教学目标。师生互动的主体由教师和学生组成，但学生作为互动双方中的一方时，可以以学生全体、学生小组、学生个体三种身份出现。可以有学生小组与学生小组、学生个体与学生个体互动。这样多种形式的空间师生互动才能更好地实现教学目标。而目前云平台下思政教师与学生的互动采用的主要是教师与学生全体通过作业布置形式的互动，以及教师与学生个体通过留言、评论、私信等形式的互动。而教师与学生小组、学生个体与个体、群体与个体、群体与群体等多向主体互动相对缺乏。

（三）互动内容偏重于知识认知的答疑解惑，情感互动相对较少

师生互动作为一种特殊的人际互动，包括认知互动、情感互动和行为影响三种。师生互动的基础在于情感的沟通和相融，只有情感的相融，才能调动兴奋的情绪，触发灵感和创造力，推进交互活动。思想政治课的目标是培养学生的品德、修养，帮助学生树立正确的人生观、价值观，所以，更要注重师生之间的情感沟通。学生亲其师，才能信其言。但现行的云平台空间互动因为师生重视和投入不够，师生之间的情感交流不多，良性互动基础缺乏。

三、云平台下进一步加强思想政治课师生互动措施

（一）思政教师应加强知识储备、完善人格修养、优化教学设计，为良好的师生互动打下坚实的基础

在基于云平台空间的教学交互活动中，学生是学习活动的主体，教师是学生学习的组织者、指导者和帮助者。因此既要发挥学生的主动性和积极性，又要发挥教师对学生学习活动的指导和帮助作用。教师的指导作用不仅体现在提供与更新学习资源、答疑、布置与批改作业等基本教学交互活动中，而且更多地要体现在对教学交互活动的设计、组织、有效引导与积极促进之中。

（二）互动内容不仅要注意课程内容交互，更要注意情感交互以及其他交互，为良性互动创造条件

在师生互动中，教师有时要超越学科的界限，有时则要逾越师生的鸿沟。教师只有真正地热爱学生，热爱所从事的事业，发自内心地感到有必要对学生的思想、品德、世界观、人生观和价值观加以积极的引导，才会在内心深处产生强有力的动力，并将长远的动机转化成行为，与学生融为一体，从而启动高效师生互动。而一个接纳性、支持性、包容性的互动能给学生以心理上的安全和精神上的鼓舞，并改变传统思政课给学生造成的“权威”“说教”等不良印象，使学生在师生互动中感受到理性和智慧的力量，体验到创造和成功的欢乐。在网络教学环境中，发生在师生之间或者生生之间的情感交互对学习者的学习会起到积极的推动作用。有效并充满人文关怀的情感交互不仅可以激发学习者的学习动机，利于完成学习中情感目标方面的要求，而且这种情感交互还能有效提高学习效率。

（三）利用多种形式，开展富有成效的多元互动，启动高效师生互动

云平台教学给思政课教育带来新的机遇，也给思政课教师带来了新的挑战，作为学生知识体系的建构者，思政课教师应该充分利用云平台资源，设计并以多种形式开展适合学生的互动活动。互动形式不仅仅局限于留言、私信和作业，思政课教师更应通过评论、课程交流群组、微博等广泛地开展交流，了解和影响学生。互动也不仅仅局限于老师与学生之间，更要注重同辈群体之间的交流与思想的碰撞。在互动的过程中使老师对学生的思想动态有更清楚的认识，对教学要求有更多的了解。并及时根据学生反馈的信息，开发新的课程资源，进行新的教学设计，以提高学生学习兴趣，增强教学效果。

总之，只有从平台的利用、互动主体作用的发挥、互动内容的完善、互动情感等方面进行努力，才能建立起思政课教师与学生之间的良性互动，从而达到很好的教育和影响作用，提升学生的思想道德水平和政治素质。

参考文献

[1] 罗珍. 构建高职思想政治理论课空间资源课程[J]，衡阳师范学院学报，2013(8).
[2] 金小方. 高校思政课网络教学现状与网络类型[J]，宜春学院学报，2013(8).

空间教学考核篇

第一章

基于互联网云平台思想政治理论课课程考核模式研究

课程考核的方式与方法由课程性质、课程特点和课程目标决定。思想政治理论课作为公共必修课，与其他专业基础课和专业课相比，有一定的特殊性。一方面，它们具有政治性、理论性、思想性、综合性和实践性等特点，相对来说内容比较复杂、抽象，深奥难懂；另一方面课程与现实、与学生自身结合得比较紧密。因而，对于思想政治理论课课程的考核有一定难度。一方面，通常的课程考核所呈现出来的结果与学生的实际能力或素质不具备现实相关性。光凭一张试卷或一篇文章，不能反映出学生的思想理论水平或学生人生的修养水平；另一方面，思政理论课的教学效果具有长远性，它往往对学生产生的是长远的影响，甚至是终生影响，仅依靠单一的方法，不可能全方位的考查其教学效果。

（一）传统思想政治理论课课程考核及互联网云平台技术对于课程考核的影响

目前，全国大部分高职院校，对思想政治理论课程的考核，仍以传统的理论测试为主，即以试卷测试的形式，来检查学生是否理解所学的知识并记住其中的重要内容。虽然，也有些院校采用较为开放的考核形式，如课程论文、课堂辩论、小组作业、课堂演讲等，但总的来说，都难以全面、客观地考察学生的理论水平、思想水平和实践水平。

互联网云平台技术的使用，使得思想政治理论课的考核呈现了新的特点。基于互联网云平台的思政教学与传统教学相比，体现出鲜明的特点，一个是学习资源极大的丰富，一个是学习过程清晰具体，可控制。具体表现在：第一，学生在学习的过程中，可依托丰富的互联网资源进行学习。第二，学习的方式更加灵活多样，研究性学习、自主学习、协作学习成为学习的重要方式。第三，教与学的活动在时空上可分离，互联网云平台空间成为了一个新的教学空间。这些新的教学特点，使得思想政治理论课的课程考核也将呈现新的特点。第一，基于互联网云平台技术的思政课程考核，可整合过程性评价和总结性评价，使得考核的结果更加全面。第二，学生在课程学习中的探索、发现、竞争、协作和学生在学习过程中的主动性、自控性等过程评价要素成为了课程考核的主要关注点，过程性评价特点更为突出。第三，充分利用互联网云平台技术优势，缩短了评价周期，使评价结果能及时反馈，以便于及时调整教与学。

（二）基于互联网云平台思想政治理论课课程考核模式构建

基于互联网云平台思想政治理论课课程教学特点和基于互联网云平台思想政治理论课课程考核的特点，可以构建思想政治理论课课程考核模式。在互联网云平台空间中，学习者一方面从教师那里直接获取信息，另一方面还可以在云平台网络教学支撑平台中获取大量的信息。在互联网云平台空间中，学生是学习的主体，互联网云平台向学习者提供了学习的途径、资源和方法，使学生获得知识与技能，培养了学生的认知能力、情感能力和实践能力，使学生最终获得发展和进步。

课程考核模式的构建，是在综合考察互联网云平台对学生学习行为影响的基础上构建起来的，主要包括对学生学习活动的考核和对学生学习结果的考核两个方面。

1. 对学生的学习活动考核

对学生的学习活动的考核，旨在考核学生学习活动的过程，通过对学生学习过程的指标考核，达到对学习者的评价。这些指标主要包括：

(1)交互程度。教师可以利用互联网云平台空间，了解学生在学习的过程中，学习者与学习者、学习者与教师、学习者与学习材料之间的交互。对学习者交互程度的考核，可以通过学习者利用互联网云平台中的各种交流工具进行的交互记录来评价。比如通过网络留言、在群组中的活跃程度、发表的文章(数量和质量)、对某一问题的反应或评价，来评价学生在学习过程中对所学知识的了解程度、学习态度的主动性、学习过程中的活跃度等。

(2)提问情况。在互联网云平台空间学习的过程中，学生不可避免地会碰到各种问题，向教师和他人请教成为不可避免的事情。通过记录学生在学习的过程中请教的问题次数、浏览问题解决方案的次数以及提供解决方案的次数等信息，来考核学生对所学知识的理解程度和学生在学习过程中的主动性。

(3)资源利用。互联网云平台在教学和学习过程中的一个重大的优势就是丰富的课程资源，不仅包括任课教师的网络资源，而且还包括全国的各种资源甚至还有国际资源，对资源的有效利用，包括搜索、浏览、辨别、利用等，对学生知识水平的提高，搜集和利用等处理信息的能力，扩大学生的眼界，都有很大的帮助。在实际的课程教学中，我们引入了 ISAS 教学法，即利用互联网云平台空间，进行课题研究，来提高学生们提出问题、分析问题、解决问题的能力。考核学生的资源利用情况，具体可考核他们浏览网页情况，利用互联网进行课程学习情况，利用互联网进行课题研究的情况等。

2. 对学生的学习结果考核

对学生的学习结果进行评价，是指在教学过程中的某个特定阶段，或教学完成之后，对学生的学习结果进行评定，目的在于评定教学目标的达到程度，考核学生的学习成果，了解教学活动的效果。这些指标主要包括：

(1)作业。作业是阶段性考核学生学习效果的方式，根据作业完成情况与得分，考核学生平时知识点的掌握程度、知识的运用能力和完成作业的态度。利用互联网云平台空间进行教学，作业也是在互联网空间完成，并发布在互联网空间，教师批改作业完全在网上完成，使得作业变得更为直观，可感知。作业的设计与传统的纸质版相比，更加注重学习者问题解决能力的考查，而不注重于对知识点的考查。作业完成的质量和及时情况成为考核的重要因素。

(2)考试。考试是对学生的学习情形作一个总结性的评定，考查学生对于知识点的掌握程度和对知识的理解和应用能力。互联网云平台技术的引入，使考试变得更为便捷。在条件许可的情况下，可以直接在空间建立试题库，试卷随机生成，做到一人一卷。考试以客观性试题为主，考试结束后，分数自动生成，考试结果评定更加快捷。

(三)对基于互联网云平台思想政治理论课课程考核模式的评价

基于互联网云平台空间思想政治理论课课程考核模式的构建，使得思政理论课的课程考核由抽象变为具体，由单一变得丰富，把形成性评价和总结性评价融为一体，使得考核结果更加全面、客观、可信。但这个考核模式仍然有许多有待解决的问题，比如，数据统计的问题。因为互联网云平台空间的存在，数据统计成为可能，但数据统计的工作量巨大，统计分析很不容易。又如，学生作业和考试过程中的诚信问题。因为在互联网空间，学生动一动鼠标就可以找到答案，学生作业也存在复制粘贴现象，使得作业的批改以及作业的客观公正成为问题，虽然这些问题的产生不完全与互联网云平台技术相关。再如，互联网云平台空间思想政治理论课课程考核模式的构建，对硬件要求比较高，要求学校要配备相关设施，使学生能方便上网。总体上说，互联网云平台空间思政课程考核模式虽然存在一些问题，但信息技术的进步对课程教学和课程考核会带来深远影响。

参考文献

[1] 加涅，等.教学设计原理[M].上海：华东师范大学出版社，2007.
[2] 加涅，等.学习的条件和教学论[M].上海：华东师范大学出版社，2000.
[3] 刘桂辉.论质性教学评价的特点[J].当代教育论坛，2006(21).
[4] 李雁冰.质性课程评价：从理论到实践[J].上海教育 2001(12).

第二章

空间教学背景下思想政治理论课教学评价体系构建

上世纪 90 年代以来，高校思想政治理论课教学评价体系研究成为学术界的一大热点问题，相关学者从不同的角度对该问题进行了较为细致的探讨。笔者试图从一个全新的视角，即把这一问题放在空间教学的背景下进行研究，以求抛砖引玉。

一、空间教学背景下思想政治理论课教学评价体系构建的必要性

(一)完成思想政治理论课承担使命的需要

思想政治理论课是大学生的必修课，是大学生思想政治教育的主渠道，它的主要任务是帮助学生树立科学的世界观、人生观、价值观，进一步坚定对社会主义的信念、对马克思主义的信仰、对改革开放和现代化建设的信心，确立对党和政府的信任。高职院校承担着为国家和社会培养生产、建设、管理服务一线需要的、动手能力强，具有良好职业道德的高级应用型人才的重任。因此，要培养的学生不能只具有工具性的技术，更应

该具有良好的思想政治素质和职业精神。而要做到这一点，思想政治理论课教学评价体系构建和实施是检验思想政治理论课教学质量和效果的最好试金石。

（二）推进思想政治理论课教学改革的需要

目前，高校思想政治理论课教学及其改革仍存在许多问题和阻碍，其中的一个重要方面就是思想政治理论课教学评价体系尚未建立。当前，高职院校思想政治理论课在实际教学过程中出现一些学生重专业知识、轻思想政治理论课的现象；一些学生存在学习目标不明确，学习态度不端正，对抽象的政治理论学习缺乏学习兴趣和动力等问题。由于课堂有效学习时间短，学生自律意识薄弱，难以达到预期的教学效果，思想政治理论课的时效性难以完全体现出来。空间教学的出现，使得思想政治理论课更有趣味性和针对性，找到了师生的共鸣点，从而使教学双方更能够第一时间面对和解决新问题，进而使教学成效骤增。思想政治理论课教学改革的成果最终要体现在教学质量的提高和教学效果的增强上。因此，探索空间教学背景下的思想政治理论课教学评价体系构建就成为一件非常有意义的事情。

（三）顺应思想政治理论课信息化发展的需要

空间教学顺应思想政治理论课信息化发展的需要，实现了从教学理念到考核方式的全面创新。在教学理念上，空间教学背景下的思想政治理论课教学强调以人为本回归现实生活，即要求按学生的学习特点、方式和学习规律来组织教学活动，运筹教学的结构、特征和整个过程，切实做到按需施教。在教学内容上，“空间教学背景下思想政治理论课教学要以教学空间为新的平台，按照国际化、标准化、模块化、信息化要求，建设以空间资源库为支撑，以模块集成的图表化教案为实际应用的空间资源课程。”将理论与实践结合起来，将课内与课外结合起来，将知识与案例贯穿起来，使课程结构设计更科学，让整个教学流程的点线面结合成一个多维立体的知识结构体系。在教学方式上，空间教学背景下的思想政治理论课就是在师生共同建设教学空间的基础上，以空间互动为纽带，促进师生教学成长。在考核方式上，思想政治理论课的考核将由过去的一张试卷定优劣改为综合考核评估，空间教学背景下考试已实现无纸化，考试都是在网上空间进行，考核也要在网上公布，过程和结果均要接受学生监督，进一步彰显考核的公开公平原则。

（四）体现思想政治理论课教学评价特殊性的需要

思想政治理论课课程评价具有不同于自然科学课程和一般社会科学课程评价的特殊性。从课程评价所涉及的领域看，其他类型的课程主要涉及认知领域，或者行为领域，评价目标相对具体客观，而思想政治理论课课程评价领域则十分复杂，不仅涉及知识技能，而且涉及情感、态度、价值观，注重帮助学生树立正确的世界观、人生观、价值观。从课程评价的过程看，一般课程评价过程是相对科学客观的过程，而由于思想政治理论课课程评价所涉及的内容和范围十分广泛，这使得在评价过程中，评价者不可能不将自己的价值观念注入到评价过程之中。从课程评价的难度上看，相比较其他课程，思想政治理论课由于主要涉及非认知领域，而评价过程中又或多或少的渗透着评价者的价值倾向，其制约因素较难控制。尽管思想政治理论课的课程评价具有不同于一般课程的特殊性，但在以往的课程评价中，几乎把二者等同看待。可想而知，这必然制约思想政治理论课教学质量的提高和教学效果的增强，影响思想政治理论课教学改革的深入发展。

二、空间教学背景下思想政治理论课教学评价体系构建的基本思路

（一）树立教学理念

空间教学背景下思想政治理论课教学理念的树立就是要以教学空间

为载体和表现形式，通过思想政治教育及良好行为方式的养成教育等研究与实践，确立思想政治教育的基本目标、主要内容及构建学生良好行为养成的平台，使思想政治教育内容不仅要进入学生的耳朵和头脑，而且要见之于行动，使学生知荣辱、明善恶。具体来说：一要树立全面发展的思想政治课教育教学理念。二要树立协调的思想政治课教育教学理念。重视教育教学过程和环节之间的有机协调，发挥资源互补优势，树立切合社会进步、教育发展、大学生成才成长的、协调的、思想政治课教育教学理念。三要树立可持续发展的思想政治课教育教学理念。通过各种创新使我们的教育能够真正深入人心，使学生真正从内心深处“学、懂、信”，进而指导自己的实践。四要树立尊重学生的思想政治课教育教学理念。以人为本，尊重学生，关注学生的思想实际，有针对性地进行教育。

（二）明确评价目标

为了明确和实现思想政治理论课的评价目标，就要通过科学合理的教学评价体系的设置，使教学活动的各个方面、各个环节有效配合，可以衡量教师工作质量高低和学生学习效果的好坏，以公开、公平、公正的方法深入教师的教学行为中，客观公正地检验教师的工作，从而为改进教学工作、加强师资队伍建设提供可靠地信息和资料。为更有效地促进教师改进和完善教学工作，可将评价结果和学校每年的评优评先、与教师的校内结构工资、超课时课酬、职称评定相挂钩，这样做使教师既有压力又有动力，在全体教师中营造出一种竞争的氛围，使教师充分挖掘潜能，调动积极性，促进思想政治理论课教学质量的不断提高。

（三）扩大评价主体

在思想政治理论课教学评价的过程中，评价主体范围的扩大有助于教学评价的科学化和民主化。一般来说，思想政治理论课教学评价主体应该包括课程专家、任课教师、学生、用人单位等。以往的思想政治理论课课程评价主体有简单化的倾向，对教师的评价主体往往只有教学行政管理部门，对学生的评价主体基本上只有教师。教师对课程体验最为深刻，是思想政治理论课的实施者。学生是教学活动的基本参与者，学生的体验是改进思想政治理论课教学的最重要的信息来。用人单位是思想政治理论课教学活动的实践检验者，但是他们基本被排除在教学评价活动之外。《国家中长期教育改革和发展纲要（2010－2020）》指出要改进高校教学评估。就当前而言，最重要的一环就是建立思想政治理论课的多元评价主体，使高校思想政治理论课教学评价更具科学性、客观性、规范性和权威性。为此需要制订相应的制度规范，并适时进行评价培训工作，将团队评价和个人评价结合起来。

（四）建立评价指标

“高校思想政治理论课教学的评价指标及其体系是教学目标和评价标准的载体和具体体现，它在思想政治理论课教学评价实践中具有重要意义。制订科学完善的思想政治理论课教学评价指标是实现思想政治理论课教学目标的必然要求，是提高思想政治理论课教学质量重要环节。”目前，各高校思想政治理论课教学评价指标虽不尽相同，但就评价内容而言，主要有评价目标、评价主体、评价客体、评价方法等部分组成。但就实际情况看，思想政治理论课教学评价指标仍有一些问题需进一步探讨。长期以来，由于思想政治理论课教学内容的内涵、外延的丰富性和过程的长期性及多维性使思想政治理论课教学过程的变量因素很多，过程复杂，尺度难以把握。一个科学、合理、可行的思想政治理论课教学评价指标体系至今未能建立，更不用说建立有效的监督检查运行机制。教学实践证明，要建立一个行之有效的教学评价体系必须确定一些具体的指标作为监控的参数。设计的评价量化指标和各项指标的权重要符合思想政治理论课教学实际，收集的评估资料、信息要客观、真实，尽量使用第一手材料。各高校可根据实际情况将评价指标进一步细化和量化，如有的高校提出学生到课率、学生参与率、学生进步参与率、教师备课及更新率、教师课程总结、教师互相听课完成率、教学新方法、新手段的普及率等指标都具有借鉴意义。

（五）选择评价方法

思想政治理论课的评价方法有多种，但都可以归于两大类，即量化评价方法和质性评价方法。量化评价方法“就是力图把复杂的教育现象简化为数量，进而从数量的分析和比较中推断某一评价对象的成效的一种评价方法。”空间教学背景下思想政治理论课的教学评价，存在着大量的量化的因素，这就为教学评价定量化、客观化和系统化，实现教学质量的科学化管理打下坚实基础。量化方法在思想政治理论课教学评价过程中是不可缺少的，但如果将这一方法绝对化则会走向极端。对于思想政治理论课这种复杂的课程来说，更多应采用另一种评价方法，即质性评价方法。质性评价方法就是力图通过自然的调查，全面充分地揭示和描述评价对象的各种特质及对其进行合理科学建构，并作出解释的一种评价方法。质性评价方法是对事物或现象的基本特征和本质的一种解释性评价，其评价目的不是检验教育目标的实现程度，而是对其过程进行总体解释和建构，因此，它不是一种总结性评价，而是一种过程性评价。思想政治理论课课程评价是一个复杂的评价过程，单一的量化或质性的评价方法都不能对思想政治理论课进行综合评价，只有把二者结合起来，才能体现出思想政治理论课课程评价的特殊性。

（六）加强过程评价

思想政治理论课教学是一个复杂过程，影响教学效果的因素是多方面的，各因素之间相互联系、相互制约，共同影响教学效果。因此，思想政治理论课教学评价应该是一个对教学全过程的评价体系。这个评价体系要充分反映对思想政治理论课教学的整个教学过程和各个环节的评价。既要有期末考试，也要有期中考试考评、随机听课制度，随时接受教学各环节的反馈信息。空间教学背景下思想政治理论课教学评价的过程性更易于控制和操作。空间教学使整个教学过程及要素都能在空间中保留痕迹，这样能真实客观地反映思想政治理论课教学效果。但目前各高校思想政治理论课过程性评价的情况并不理想，现实情况是课程评价一般是在课程结束前两周统一进行，一学期一次，缺乏过程性评价，评价的指向性模糊不清，最终造成思想政治理论课教学质量评价导向功能的弱化。由于缺乏过程性评价，加之受到评价标准的抽象性、评价主体的专业素质欠缺、评价者的心理因素等影响，致使思想政治理论课教学评价的结果缺乏权威性和可信性。

三、空间教学背景下思想政治理论课教学评价体系构建的保障条件

（一）学校党委和行政的高度重视

从思想政治理论课组织领导的角度讲，思想政治理论课教学评价体系的构建离不开学校党委和行政的高度重视。这种重视表现在：第一要有位置，把思想政治理论课教学评价体系的构建摆到重要位置，加大对相关问题的研讨，保证人财物的充足供应。第二要有规划，从全局出发，对思想政治理论课教学评价体系的构建和发展做出全面规划，并制定中长期发展规划。第三要有渗透，在各项工作中注入思想政治教育因素，加强思想政治教育资源整合，实施思想政治教育精品工程，扩大思想政治教育社会影响力。第四要有示范，重点建设与思想政治教育教学相关的服务设施，打造思想政治教育文化阵地；加强分类指导，培育思想政治教育文化品牌。

（二）学校各部门的积极配合

思想理论课教学评价体系的构建涉及到学校众多教学和管理的职能部门。例如，教务处是实施思想政治理论课教学评价体系构建的重要组织者和管理者，而教务处进行思想政治理论课教学评价又依赖于各专业系部及相关职能部门提供的人员场地及信息数据的支持。再如，空间教学背景

下思想政治理论课教学评价各项数据的收集、整理、储存、更新相当程度上都依赖于世界大学城教学空间的各项功能的正常运转，在这里信息设备处就承担重要的职责。如果世界大学城不能正常运转或有重大技术缺失，那么空间教学背景下的思想政治理论课教学评价体系的构建将无从谈起。因此，空间教学背景下思想政治理论课教学评价体系构建需要学校各部门同心同德通力合作。

（三）空间教学平台的技术进步

空间教学背景下，世界大学城教学空间已成为思想政治理论课教学评价体系构建的主要载体和平台。在顺利成为全国首批国家级示范校后，长沙民政学院立足可持续发展的战略眼光，以空间教学为龙头，大力推进信息化建设。学校投入巨资对原有网络技术环境进行提质改造，并且与相关产品和技术供应商进行积极协调，不断提升世界大学城教学空间的运行效能。但从技术角度和实际应用的角度上讲世界大学城空间还存在一些不足之处。如目前还不能实现好友互转、在线自测、站内视频搜索和共享等。因此，要积极推进世界大学城空间的技术进步，使其成为思想政治理论课教学评价体系的优质高效信息共享展示平台。

（四）思想政治理论课教学资源的有效整合

思想政治理论课的教学资源非常丰富，不仅存在于课堂之内，而且存在于课堂之外，寓于管理、教学、学生生活学习之中。学校除了继续加强思想政治理论课的课堂教学外，还尝试集体备课、思政教师联系院部参与学生管理工作、辅导员参与思政课讲授等实践，取得了良好的效果。目前正在做的思想政治理论课教学资源的整合工作有下面几项：一是整合网络资源，建设空间资源课程墙，方便学生自主学习，方便教学评价。二是整合人力资源，建设百人导师团，充分发挥各门课程的育人功能和广大教师的育人职责。三是整合社会实践资源，志愿服务学分化，积极探索将志愿服务、三下乡、义工工作和寒暑假社会实践纳入学分制管理，使学生在社会实践中实现思想政治教育的知行统一。如果能够实现思想政治教学资源的有效整合，就会大大降低由于学科本身涉及众多非认知领域而带来的评价结果的模糊性和不确定性，向着思想政治理论课教学评价体系的构建又前进一大步。

参考文献

[1] 黄丹.空间教学背景下的思想政治理论课教学改革问题——以长沙民政学院为例［J].职业技术教育，2011(11).

[2] 李资源.高校思想政治理论教学评价指标体系研究的现状与思考［J].思想理论教育导刊，2007(2).

[3] 佘双好.思想政治理论课教学评价探析［J].学校党建与思想教育，2004(2).

第三章

基于互联网云平台空间的思想政治理论课考核评价体系研究

《国家中长期教育改革和发展规划纲要(2010－2020年)》中强调:“信息技术对教育发展具有革命性影响,必须予以高度重视,把教育信息化纳入国家信息化发展整体战略,超前部署教育信息网络,促进教育内容、教学手段和方法现代化。”为了顺应教育信息化发展的趋势,积极贯彻《纲要》精神,我校从2010年下半年开始,率先在全国推行基于互联网云平台的空间教育教学改革。在互联网、大数据背景下,抓住信息化建设的契机,依托互联网云平台,以增强课程的吸引力为出发点,以增强学生的学习主动性为切入点,以增强教学效果为落脚点,有效整合教学资源,结合空间的特点,充分挖掘其功能,利用空间进行教学方法及教学考核方式的改革与创新,并取得一定的成效。本文主要介绍如何利用互联网云平台空间对思想政治理论课进行考核。

一、空间考核的具体实施措施

空间教学依托全新的互联网云平台——世界大学城。该平台依托先进的云计算技术,以互助互学、交流分享为理念,为个人及机构建立一个功能强大的资源共享型教育学习平台。该平台为创新教学方法与考核方式提供了良好的载体。空间课程考核是指教师根据学生在云平台空间学习的情况进行全方位全过程考核。具体做法如下。

空间考勤。教师首先编排上课班级学生的座次表，然后把学生的座次表发布到空间，要求学生对号入座。上课时教师打开互联网进入空间大学城对照座次表进行点名考勤等。把学生迟到、旷课、早退、请假等考勤结果通过大学城空间记录下来，并在大学城空间对考勤结果进行公示，做到考勤方便、节时、准确、公开透明。

空间课堂表现考核。把学生的行为规范、学习态度、参与课堂活动及遵守课堂纪律情况记录下来，然后把课堂表现结果在大学城空间进行公示。

空间批改作业及考试考核。空间批改作业及考试是指教师通过空间系统布置作业及考试内容，学生在空间上提交作业，在空间上进行考试，教师就学生的作业及考试在空间上进行批改及考核评定，并把学生作业批改的情况及考试考核的结果进行空间公示。

空间互动考核。根据学生浏览任课教师空间的次数，有价值的留言、评论、跟帖的数量与质量来对学生进行监督考核，同样把考核结果进行空间公示。

最后，把各项考核结果进行汇总，得出最终的考核结论，再把最终的考核结论在大学城空间进行公示。

二、构建空间考核评价体系

课程成绩评定全部通过空间进行考核，学生考核成绩在空间大学城公示。具体考核评价指标体系如下。

课程考核实行学期考核制，每学期考核一次。总成绩 100 分（平时成绩 70%，期末考试 30%），再按照学校成绩评定标准转换为等级制，并实行“互否制”（平时考核与期末考核有一项成绩不及格则总评成绩为不及格 F），最后网络登分时为等级制（A +、A、B +、B、C +、C、D +、D、F）。

百分制换算成等级制的办法：A+(95-100)，A(90-94)，B+(85-89)，B(80-84)，C+(75-79)，C(70-74)，D+(65-69)，D(60-64)，F(不及格)。

(一)平时考核成绩标准(70%)

1. 考勤标准(30分)

课堂考勤主要考察学生的出勤情况，由任课老师每次上课时通过空间进行考勤。如无迟到、旷课、早退、多次请假等情形，则可得满分。

扣分标准如下：旷课一节扣5分；迟到、早退每一次扣2分；一学期请事假超过2次，每增加一次请假扣5分；一学期课程旷课超过2次(4节)或者有1/3时间未参加教学活动者，课程平时成绩直接为F，其他情形由任课老师按照学校有关规定执行。

2. 课堂表现标准(15分)

课堂表现主要考核学生参与课堂活动及遵守课堂纪律情况。包括学生陈述自己观点的能力、归纳能力、分析能力、应变能力等；学生遵守课堂纪律的情况；学生的行为规范及学习态度。任课老师对每一个学生课堂回答问题的不同情形进行计分，在一学期上课过程中，尽量考虑给每一个学生至少一个机会。期末根据学生课堂参与及表现情况给出客观的等级。出现一个学期上课经常睡觉、玩手机、严重违反正常教学秩序、严重违反课堂纪律、学习态度恶劣、多次带食物进教室、搞脏教室卫生、碰坏教室设备等现象，课程平时成绩直接为F。

3. 作业标准(15分)

课程布置三次作业。考查学生运用基本理论分析问题、论证问题和解决问题的能力。题目由任课老师根据课程内容，结合社会实际布置。每次作业5分，共15分。作业评价分为五个等级：A(12-15分)、B(9-11分)、C(6-8分)、D(3-5分)、E(2分以下)。如缺交作业，缺一次扣5分，三次作业如出现全文大量抄袭或缺交者，课程平时成绩直接为F。

4. 空间互动标准（10 分）

根据浏览任课教师空间的次数，有价值的留言、评论、跟帖的数量与质量给分（18 次以上 8 ~ 10 分，15 次以上 5 ~ 7 分，10 次以上 2 ~ 4 分）。一学期未和老师进行空间互动者，课程平时成绩直接为 F。

（二）期末考试成绩标准（30%）

从知识、能力、素质全方位考核，通过网络空间进行考试考核，凡是期末考试舞弊抄袭者（主要指网络抄袭等）或缺考者直接定为不及格 F。

三、空间考核的优势

（一）实现了全方位全过程考核

在思想政治理论课的公共选修课考核中，教师对学生考核的随意性大，很难做到透明公开；同时缺乏过程考核，往往以期末考试“一锤定音”，难以实现考核的公平公正公开。而在空间教学考核中，教师可以通过互联网空间大学城对学生学习的积极性主动性、学习过程的参与度、知识的掌握程度、运用知识解决问题的能力等进行全方位、全过程考核。

（二）实现了考核的公平公正公开

空间考勤结果在大学城空间公示；课堂表现考核结果在大学城空间公示；学生作业批改的情况及考试考核的结果在大学城空间公示；空间互动考核结果在大学城空间公示；最终的考核结果在大学城空间公示。所有的考核过程与考核结果进行公示，接受学生的全过程监督，使考核更加透明化，实现了考核的公平公正公开。

（三）提高了学生学习的积极性与主动性

虽然空间大学城构建了功能强大的师生共享课程资源库，丰富了教学资源。学生可以在课前通过资源库自主学习课堂知识，找出疑点、难点；在课堂上提出问题、解决问题，内化课堂知识；在课后总结提升，实现了课堂的翻转。然而，并不是所有的学生都积极主动地运用空间课程资源去学习，而空间互动考核标准根据学生浏览任课教师空间的次数，有价值的留言、评论、跟贴的数量与质量来对学生进行监督考核，特别是规定一学期未和老师进行空间互动的学生，课程平时成绩直接为F。这些考核评价标准激发了学生学习的内在动力与学习兴趣，提高了学生学习的积极性与主动性，提高了空间资源的利用率。

但在空间考核的过程中仍然存在不少问题。比如虽然安排了座次表，考勤、课堂表现按座次表进行，方便、节时、准确，但仍有部分学生不按照座次表坐位子，给空间考核带来不便。在空间作业考核及期末考试空间考核中，发现不少学生网络抄袭现象严重，使空间考核的真实性受到质疑。另外，部分学生与老师空间交流积极性不高，互动较少，空间讨论的实质内容不多，问候寒暄的成分过多，对空间考核的有效性是一个很大的挑战。

尽管如此，教育信息化前进的趋势是无法阻挡的，我们必须充分利用现代教育信息技术发展的成果，不断推进教育教学改革，创新教学考核评价体系。

参考文献

[1] 刘洪宇. 把课程建在互联网云平台空间的创新实践与推广意义[J]. 中国教育信息化，2012(2).

[2] 梁明山. 基于互联网云平台空间下的公共选修课考核评价体系研究[J]. 网络安全技术与应用，2014(12).

[3] 唐召云，蒋晓明，匡利民. 基于云平台的高职思想政治理论课空间教学改革与探索——以长沙民政学院思政课程空间教学为例[J]. 湖南科技学院学报，2104(2).

第四章

高职思政理论课网络空间资源课程运用效果评价研究

一、高职思政理论课网络空间资源课程运用效果评价的必要性

2010年，湖南省教育厅积极贯彻《国家中长期教育改革和发展规划纲要(2010－2020年)》精神，强化教育信息技术应用，开设了湖南职业教育互联网云平台网络学习空间。作为一个网络虚拟学习平台，它具有开放性、共享性、自主性、平等性、交互性等特点。同时，它又是以个人空间为基础，基于实名制进行的网络教学活动，又具有自己独特的真实性。

由于互联网云平台的这些优良特性，全国不少高职院校以此为载体，建设了数量颇丰的网络空间资源课程，进行网络教育教学。以长沙民政学院为例，从2010年始，截至2012年10月，民政学院教师建设了由900余门空间资源课程组成的课程墙"，掀起了"空间教学革命"。为了充分利用这一网络学习平台，高职思政教师不甘落后，结合高职人才培养目标，按照打碎、简约、泛在、集成的理念，对思政理论课教学内容进行解构、重构，建设了依托世界大学城个人空间进行内容展示和教学活动的思政理论

课网络空间资源课程。

网络空间资源课程建设和网络空间资源课程评价是网络空间教学中相互影响、相互作用的两个环节，前者是后者的前提和基础，后者能促进前者的改进与持续发展。通过评价，能更好地促进课程开发与教学改革，促使课程教学内容更加合理、规范、更加贴近职业岗位需求。最终最大限度地激发学生的学习兴趣，培养他们的学习能力、创新能力、社会适应能力等，培养高素质人才。而现在普遍存在“重建轻评”的现象，对于高职思政理论课网络空间资源课程运用效果的评价基本上处于真空状态，难以通过效果评价实现设计者与开发人员对思政理论课网络空间资源课程改进与持续发展的追求。

二、高职思政理论课网络空间资源课程运用效果评价原则

基于互联网云平台而形成的一种新视角的网络课程——思政理论课网络空间资源课程在进行评价时，既要评价课程，又要评价技术，要以教学目标、网络技术和多媒体技术要求为依据，制定科学的评价标准和方法，对网络空间资源课程的内容、设计、功能、效果、效益等方面进行审定，并做出价值判断。而文中提到的高职思政理论课网络空间资源课程的评价主要是指其运用效果的评价。从严格意义上讲，这种评价贯穿于课程设计、技术实现、教学应用等环节以及通过网络空间资源课程进行教学所带来的教师、学生、学校、家长乃至整个社会的满意和认可程度。因此，在评价的过程中，需遵循以下基本原则：

（一）评价主体的多元化

美国路易斯安纳大学教授派纳认为：“课程是一种复杂的会话，是课程开发与课程实施之间的会话，是教师与学生之间的会话，是教师与教师之间的会话。”而高职院校因其特殊的本质特征，在课程建设方面要“积极

与行业企业合作开发课程，根据技术领域和职业岗位(群)的任职要求，参照相关的职业资格标准，改革课程体系和教学内容”。高职院校课程建设的利益主体包括行业企业、教育行政部门、学校，教师、学生、家长等，不同利益主体有不同的利益诉求，价值呈现多元化。因此对课程建设的评价主体并不仅限于其中的部分参与者，而是不同主体基于各自的特长，共同对课程进行评价的过程，他们构成一种较为广泛的课程评价者联盟。故高职思政理论课网络空间资源课程评价的核心主体应包含教师、学生、教育技术专家和思想政治教育教学专家、管理人员等。

(二)评价客体的职业化

在职业教育发展史上，德国教育家布兰克茨最早提出职业教育课程应当进行“范式转换”，即职业教育课程设计应当从“学科系统化方式”向“遵循职业(能力)发展规律”转变。学科系统化课程按照知识系统性机械地认识社会、技术与个人的关系，重视“科学世界”的系统性，忽视“工作世界”的整体性，忽视知识与工作的联系，无法实现学习的迁移。这也就要求我们在课程评价中从单纯评价学生掌握知识与技能的水平转变为胜任某岗位所需要的职业能力。高职思政理论课空间资源课程评价客体的职业化应特别强调其相应岗位所应具备的职业道德。

(三)评价方式的多样化

目前网络空间资源课程是一个新事物，还没有形成系统研究，也没有制定统一的评价标准体系。一般都是各高职院校出台网络空间资源课程建设项目及相关验收标准，然后教师个人提出建设网络空间资源课程的申请，学校同意立项，项目申请人进行建设，学校统一进行检查，确定这门网络空间资源课程是否合格。在这种评价方式下，高职网络课程开发者只是一味地在建设，一旦项目结束，检查或评奖完毕，课程则被搁置，网络课程的利用率实在低得可怜。为了改变这种境况，要求我们评价方式多样化，既要有网络空间资源课程的形成性评价和终结性评价，也要有发展性评价，要求以人的发展和网络课程的完善为本调适网络课程。

（四）评价指标的科学化

网络空间资源课程有其自身的特点，“其一是课程内容与具体工作相结合，其二是课程资源实现最小化以便于及时更新，其三是课程能够利用网络互联功能将教学资源整合成应用模块。”故我们在评价网络空间资源课程时切不可盲目模仿已有的课程评价标准和模式，既要参考已有的网络课程评价标准，又要结合自身的特色，多渠道地获取评价信息，保证网络课程评价体系的完整性和科学性。

（五）评价效果的模糊化

评价效果的模糊化主要是指在衡量高职思政理论课网络空间资源课程运用效果时，衡量对学生产生的影响时，要善于掌握衡量这些思想因素的一定的模糊度，注意把数量资料和非数量资料结合起来，使定量分析更准确、充实，更具有说服力。这是因为对学生的思想信息进行分析会碰到大量的非计量因素。许多有关人的思想政治素质和精神风貌的因素是难以用数字精确计量的。例如，一个人的思想觉悟到底提高了多少、道德品质好到什么程度等。因此，在不能用数字精确衡量的情况下，根据主观感觉来评价，反而能使人获得更清楚、准确的认识。

三、高职思政理论课网络空间资源课程运用效果评价策略

遵循高职思政理论课网络空间资源课程运用效果评价的基本原则，借鉴当前国内外网络课程评价标准，结合网络空间资源课程的特点，对高职思政理论课网络空间资源课程运用效果进行评价时，可以充分发挥教育技术专家、思政理论课学科专家、学校、教师、学生、企业等各主体的作用，及时跟进，促进课程质量的提高。

(一)专家的评定

这里的专家包括教育技术专家和思政理论课学科专家。教育技术专家主要是从技术的角度来评判课程资源、课程设计、教学内容等方面的优缺点。而思政理论课学科专家主要从学科领域来评判课程内容的科学性、知识体系的完整性、资源拓展的丰富性等。具体参见表7。

表7 专家的评定

一级指标	二级指标	主要评价点
课程标准	课程目的	根据高职人才培养要求，对课程准确定位
	课程建设任务书	准确、恰当地对岗位工作任务和实际生活要素进行解构和重构，明确职业岗位所需的知识、能力、素质
教学内容	内容选取	根据行业企业发展需要和员工完成职业岗位实际工作任务所需要的知识、能力、素质的要求，选取教学内容
	内容实施	课程实施操作性强，实训项目符合行业企业标准和课程要求
	内容呈现	内容呈现方式多样化，图片、声音、动画、视频等多媒体使用恰当
课程资源	资源数量	资源丰富，及时更新，能满足教学需要
	资源类别	课程资源分门别类整合在不同的资源库中，至少应有概念库、方法库、原理库、案例库，根据课程教学需要或学生课后学习需要灵活设置其他教学资源库
	资源质量	资源实用性强且受学生欢迎，点击率高、使用率高
	资源碎片化	课程资源做到了最小化，即一个概念一个资源，一个(组)案例一个资源，便于灵活组合，及时更新
	信息技术的应用	能恰当地使用现代教育技术手段，使资源美观、实用
教学设计	教学理念	符合高职教育理念，突出对学生职业能力的培养
	教学方法	利用空间，广泛开展ISAS教学、预约式教学，培养学生的创新能力和职业能力
	教学互动	充分利用空间的学习和教学支持工具，开展师生间的互动，进行课程管理
	表格化教案	根据课堂教学实施需要，每个教学单元应有一个表格教案，能完整反映一个单元教学任务并链接必需的课程资源，美观实用，学生经常访问

注：评价主体为专家

（二）教师和学生的评定

教师和学生是网络空间资源资源的直接受用者，在网络空间资源课程运用效果的评价中最有发言权。两者主要是在网络空间资源课程教学的正规的或非正规的反馈调查中，对网络空间资源课程的导向性和实用性等进行主观评价。具体参见表8。

表8　教师和学生的评定

一级指标	二级指标	主要评价点
导向性	课程简介	课程性质、特点与教学目标，对学生职业能力和职业素养形成所起的作用
	课程进度	按照课程的逻辑体系，安排学习进度，重点、难点明确
	课程考核	考核办法和评价体系能完全反映学生对能力目标的掌握情况
	课程导航	版面清晰，美观实用
	学习资源	按学习任务提供丰富的学习资源
实用性	学习任务	学习任务明确，并提供多项学习任务供学生选择
	活动安排	难易程度适中，学生经努力可完成
	信息反馈	反馈及时，提出的问题能够及时得到解答

注：评价主体为教师和学生

（三）学校的评定

学校各部门要各司其职，统计相关数据，对思政理论课空间资源课程的运用效果进行定量定性分析。具体参见表9。

表9　学校的评定

部门	数据统计
教务处	统计学生对思政课程、教师的满意度等
信息中心	统计课程资源的增长率、更新率、点击率，师生交互中的总发言人数、中心发言人数、留言、评论、群组主题数、跟帖数等
学生工作处	统计学生处分比例、优秀比例、学生参加入党培训的人数等

（四）企业的评定

高职人才培养目标是直接在生产、建设、管理和服务第一线工作的高等应用型人才，因此思政理论课网络空间资源课程的运用效果评价离不开企业。其主要任务是对如何实现网络空间资源课程的建设与企业的对接提供指导性意见。具体参见表10。

表10　企业的评定

一级指标	二级指标	主要评价点
课程标准	课程解构	课程任务与企业要求相一致
	课程重构	教学情景设置与实际情景相一致
教学内容	知识体系	对学生的理论知识体系建构的培养情况
	技能能力	对学生实践技能的培养情况
交互性	交互情况	支持企业专家参与课程建设，方便与企业的合作交流

注：评价主体为企业

参考文献

[1] 刘洪宇. 互联网空间在教育、教学和管理中的运用[J]. 长沙民政学院学报，2012（4）.

[2] 刘洪宇. 空间革命——高职院校开放发展的新起点[J]. 长沙民政学院学报，2011(1).

[3] 李亚东. 校本化课程评价的常用模式[J]. 中小学管理，2004(5).

[4] 刘洪宇. 高职教育的类型特色与高职院校的内涵建设[J]. 教育与职业，2008(21).

[5] 林德全. 论课程评价多元化的若干关键问题[J]. 天中学刊，2006(21).

[6] 劳耐尔，赵志群，吉利. 职业能力与职业能力测评[M]. 北京：清华大学出版社，2010.

[7] 谢泉峰. 核爆式空间课程设计——一种教育教学理念与实践的突破性 J]. 中国教育信息化，2012(8).

[8] 王正华. 网络课程评价新体系的构建刍议[J]. 湖北广播电视大学学报，2010(2).

[9] 张润之，张进宝，陈庚. 网络课程质量评价实践及学术研究评述[J]. 开放教育研究，2011(4).

[10] 穆肃. 关于教学网站有效性的评价[J]. 电化教育研究，2001(1).

[11] 常志英. 网络学习评价的内容与实施原则[J]. 江苏广播电视大学学报，2006(1).

[12] 刘红，刘迎春. 对高职院校网络课程评价指标体系的思考[J]. 教育探索，2010(8).

后 记

本书经过多次讨论和修改终于要和广大读者见面了。此时此刻，我们的心情是既兴奋又忐忑，就如同十月怀胎即将分娩的母亲。兴奋的是这本集体智慧的结晶终于要问世了，忐忑的是我们的实践创新和理论观点能否得到学界同仁和读者的认同。丑媳妇总是要见公婆的，本书的好坏高低就留给大家去评说和检验吧。本书的撰写和出版主要出于两个方面的考虑：

一是为高校思想政治理论课信息化教学改革添砖助力。党的十七届六中全会指出：" 加强网上思想文化阵地建设，是社会主义文化建设的迫切任务"。2004 年，《中共中央国务院关于进一步加强和改进大学生思想政治教育的意见》指出，"思想政治教育工作者要积极探索新形势下大学生思想政治教育的新途径、新方法，体现时代性，把握规律性，富于创造性，增强实效性"。"要主动占领网络思想政治教育新阵地——形成网络思想政治教育工作体系，牢牢把握网络思想政治教育主动权。"《国家中长期教育改革和发展纲要(2010—2020)》也提出，要把改革创新作为教育发展的强大动力，改革教育内容、方法、手段。思想政治理论课是大学生的必修课，是对大学生进行思想政治教育的主渠道。它的主要任务是帮助学生树立科学的的世界观、人生观、价值观，进一步坚定对社会主义的信念、对马克思主义的信仰、对改革开放和现代化建设的信心，对党和政府的信任。要完成这一光荣而艰巨的历史使命，照搬原有的思维和套路已经不行了。思想政治理论课教学改革只有顺应时代要求，引入基于互联网云平台等信息化教学方法和手段才能真正取得实效。

二是对几年以来我校思想政治理论课空间教学改革做一个总结，以期抛砖引玉。从2010年下半年开始，我校思想政治理论课在全国率先推行基于互联网云平台的空间教学改革，受到我校师生的热烈欢迎和教育界广泛关注，并得到了兄弟院校和相关领导的高度肯定。全校师生出现了学空间、建空间、用空间的热潮。基于互联网云平台的思想政治理论课教学改革顺应了思想政治理论课信息化发展的需要，实现了从教学理念到教学手段及考核方式的全面创新，是对传统思想政治理论课教学的扬弃。在教学理念上，基于互联网云平台的思想政治理论课教学理念强调以人为本回归现实生活，即要求按学生的学习特点、方式和学习规律来组织教学活动，运筹教学的结构、特征和整个过程，切实做到按需施教。在教学内容上基于互联网云平台的思想政治理论课教学要以空间教学为新的平台，按照国际化、标准化、模块化、信息化要求，建设以空间资源库为支撑，以模块集成的图表化教案为实际应用的空间资源课程。将理论与实践结合起来，将课内与课外结合起来，将知识与案例贯穿起来，使课程结构设计更科学，让整个教学流程的点线面结合成一个多维立体的知识结构体系。在教学方式上基于互联网云平台的思想政治理论课就是在师生共同建设教学空间的基础上，以空间互动为纽带，促进师生教学相长。在考核方式上，思想政治理论课的考核将由过去的一张试卷定优劣，改为综合考核评估。基于互联网云平台的思想政治理论课考试已实现无纸化，考试都是在网上空间进行，考核也要在网上公布，过程和结果均要接受学生监督，进一步彰显考核的公开公平原则。

基于互联网云平台的思想政治理论课教学改革取得了一定的成果。2016年我校申报的“基于互联网云平台的高职思想政治理论课教学方法改革研究”获得教育部示范教学科研团队建设项目重点选题立项（教社司函2016第178号，项目编号16JDSZK033），本书即是这一课题的阶段性研究成果。本书的内容是几年来我校思政部教师对基于互联网云平台的思想政治理论课教育教学实践的理论总结。我们也希望借此抛砖引玉，同学术界和教育界的同行学习和交流。

本书由唐召云教授提出撰写思路并初步确定整体框架和统稿，唐召云、罗珍、黄丹、许倪倪、吴武英等几位老师负责了相关篇目的撰写和校对工作。课题组其他成员如梁明山、胡梅、李秀娟、张晓琳、匡利民、龙江等为本著作的完成也做了很大贡献。尤其是在本书的撰写过程中得到了长沙民政学院党委书记蒋晓明教授、校长李斌教授的大力支持和指导，得到了上级相关部门和领导以及中南大学出版社的大力支持和帮助，也得到了众多校内外专家的关心和指导，在此一并致谢。

由于时间仓促，本书肯定还存在不妥和疏漏之处，敬请各位专家和同仁批评指正。

课题组

2017 年 5 月

图书在版编目（CIP）数据

基于互联网云平台的高职思想政治理论课教学方法改革研究／唐召云等著. --长沙：中南大学出版社，2017.10

ISBN 978－7－5487－3062－0

Ⅰ.①基… Ⅱ.①唐… Ⅲ.①思想政治教育－教学改革－研究－高等职业教育 Ⅳ.①G711

中国版本图书馆 CIP 数据核字(2017)第 270661 号

基于互联网云平台的高职思想政治理论课教学方法改革研究

JIYU HULIANWANG YUNPINGTAI DE GAOZHI SIXIANG ZHENGZHI LILUNKE JIAOXUE FANGFA GAIGE YANJIU

唐召云　罗　珍　黄　丹　许倪倪　吴武英　著

□**责任编辑**　唐天赋
□**责任印制**　易建国
□**出版发行**　中南大学出版社
社址：长沙市麓山南路　　邮编：410083
发行科电话：0731－88876770　　传真：0731－88710482
□**印　　装**　湖南雅嘉彩色印刷有限公司

□**开　　本**　710×1000　1/16　□**印张** 15.5　□**字数** 254 千字
□**版　　次**　2017 年 10 月第 1 版　□2017 年 10 月第 1 次印刷
□**书　　号**　ISBN 978－7－5487－3062－0
□**定　　价**　48.00 元